RETROSPECT AND PROSPECT
Studies on Chinese elderly care

回顾与展望

中国老人养老方式研究

杜鹏 ◎ 主编

团结出版社

图书在版编目（CIP）数据

回顾与展望：中国老人养老方式研究 / 杜鹏主编. -- 北京：团结出版社，2015.10
　ISBN 978-7-5126-3902-7

　Ⅰ. ①回… Ⅱ. ①杜… Ⅲ. ①养老－社会服务－中国－文集 Ⅳ. ①D669.6-53

中国版本图书馆CIP数据核字(2015)第237433号

出　　版：	团结出版社
	（北京市东城区东皇城根南街84号　邮编：100006）
电　　话：	(010) 65228880　65244790
网　　址：	http://www.tjpress.com
E-mail：	zb65244790@vip.163.com
经　　销：	全国新华书店
印　　装：	三河腾飞印务有限公司
开　　本：	170mm×240mm　1/16
印　　张：	15
字　　数：	167千字
版　　次：	2016年3月　第1版
印　　次：	2016年3月　第1次印刷
书　　号：	978-7-5126-3902-7
定　　价：	32.00元

（版权所属，盗版必究）

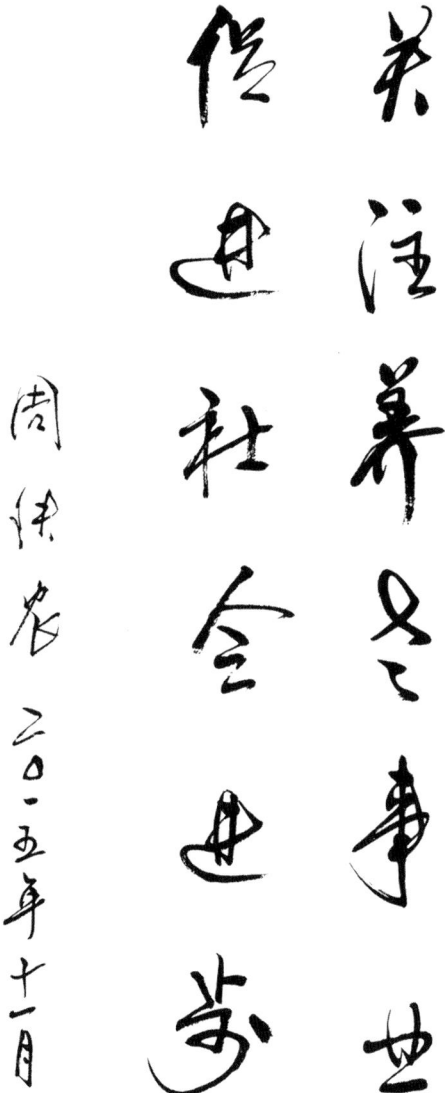

第十一届全国人大常委会副委员长、中国老龄事业发展基金会名誉理事长周铁农为本书题词

序　言

中国老年人的养老方式正在经历最剧烈的变革,谁来养老、在哪里养老、如何养老都面临重大的转变。从社会现象上看,许多直接的影响因素都在使人们关注其对养老方式的影响,例如,生育率的下降、家庭的小型化、老年人空巢家庭比例的迅速提高、城市化和农村年轻劳动力的大量外流、社会保障制度的完善、社会养老服务体系的建立、家庭代际关系的变化,等等,所有这些都无疑与老年人的养老方式存在密切的联系。然而,如果离开经济社会发展的宏观历史背景,我们就很难认识这种变化产生的深层原因和变革的方向。

中国老年人养老方式的变革是由中国经济社会发展水平决定的,是在家庭养老与社会养老动态调整过程中寻求新的平衡点的过程。在中国养老方式转变过程中,有四个基本问题是需要回答的:第一,为什么会出现养老方式的转变?第二,从什么方式变成什么方式?第三,转变过程中会产生什么问题?第四,应当如何应对出现的问题?

在长期的历史发展过程中,家庭都是我国养老的责任主体,其标志就是1996年《老年人权益保障法》第十条的规定:"老年人养老主要依靠家庭,家庭成员应当关心和照料老年人。"到2012年新修订的《老年法》通过时,相应的提法已经改变为第十三条的规定:"老年人养老以居家为基础,家庭成员应当尊重、关心和照料老年人。"可以说,老年人养老方式的剧烈变革在本世纪初的15年表现的最为突出,到了不得不采取各种行动对养老政策进行调整的关键时期，因为社会经济改革过程中产生的一些不能够延续传统养老方式的因素已经明显累积到老年阶段，沉淀在老年人的养老生活中。老年人养老方式的转变不是孤立发生的，它与一系列经济社会转型交织在一起，成为其中动态变化的一部分，包括：

1.经济体制的改革。包括加快推进政府自身改革、深化企业改革、加快推进城镇化、深化民生保障相关改革，健全保基本、兜底线的体制机制，深化收入分配、社会保障等领域的改革。上述改革直接影响着老年人的收入来源、不同老年人之间的收入水平差距、社会养老服务体系的建立等。城镇化进程快速推进将导致人口流动日益频繁、经济转型压力增大、农村留守老年人问题突出。

2.社会体制的改革。包括加强和创新社会管理、对社会服务与管理的制度创新和安排，其中对老年人养老方式产生重要影响的是健全基本公共服务体制和构建新型社区管理体制。居家养老、社区养老、机构养老中选取何种养老方式，取决于社区服务和基本养老服务的供给能力。

3.人口和家庭结构的变化。自2000年底中国进入老龄化社会以来，人口老龄化进入加速发展期，目前老年人口比例已经上升到16%，老年人口规模超过2.1亿人，预计在2025年将超过3亿人，2034年超过4亿人。与此同时，不与子女共同生活的老年人口比例迅速增长到将近48%，日趋小型化与空巢化的家庭难以满足日益增长的养老需求。随着工业化和城市化的发展，家庭结构和家庭功能发生深刻变化，以家庭为本位的养老方式遇到了前所未有的挑战。

在此背景下，我国政府做出了走"社会养老"道路的战略决策，并从2011年开始探索建立"居家为基础、社区为依托、机构为支撑（十三五时期改为机构为补充）"的社会养老服务体系，推动了我国养老方式的深刻变革，明确了养老方式变革的方向。在这样的社会养老方式下，养老不仅事关老年人福祉，更关乎国家的发展与稳定。

养老方式的转变表现为在家庭养老基础削弱之后，向新的社会支持体系下养老方式建立的过程中探索动态平衡的努力。社会经济的改革发展带来的变化使得传统家庭养老依靠的与子女共同生活的形式、单纯依靠家庭成员提供经济供养、生活照料和精神慰藉的方式难以为继，老年人寿命和健康余寿的延长、部分老年人长期照护需求的增加、子女工作地点与老年人居住地点的距离拉大等因素都对家庭成员的照料支持能力提出了极大挑战。虽然社会政策在不断进行调整完善，但是并没有从根本上解决社会养老方式建立面临的基本问题，这使得政府、社会和家庭对老年人的养老方式变革给予了空前的重视。

在积极应对人口老龄化的道路上，过去四年是政策出台最多、政府采取行动最多的时期，但我们仍然不断面临着新形势和新挑战。首先，全面二孩生育政策的实施一定程度上将改变人口老龄化进程和抚养比的发展趋势，但是，预计到2050年只会使老年人口比例比原来的生育政策方案下降低2到3个百分点，老年人口比例仍然会翻一番，达到34%左右。未来60年中国老年人口数量不会因全面二孩政策而减少，所以我们必须直面老年人口持续增长的现实，加快社会养老服务体系建设的步伐，促进新的养老方式的形成。其次，尽管我国养老资源布局整体上取得了显著成效（例如实现了养老金制度的全覆盖），但资源的配置效率还比较低，缺乏统筹兼顾，城乡、区域和群体之间还存在着不公平的现象。第三，经济新常态的发展态势对于创新要素的效率提出了更高要求，促使我们要以创新驱动的思维来布局养老服务业发展，例如智慧养老即是科技创新在应对人口老龄化方面的一种尝试。在未来一段时间内，我国都将面临着人口老龄化与经济的"双重"新常态，那么在接下来的十年、二十年、四十年，甚至更长时期，中国的老人应该如何养老，国家应该如何发展养老事业呢？站在"十二五"收尾之期和"十三五"即将开局之时，回顾并展望我国老年人的养老方式显得尤为重要。

如何应对养老方式转变过程中面临的问题取决于我们追求实现的目标，中国的国情与人口转变特征注定了我们必须走具有中国特色的养老道路。"中国式养老"现在更多的是用来指中国养老方式转变过程中存在的各种问题，个别情况下是在积极意义下指中国特色的养老体系。因此，我们面前有两种可能，一种是将养老方式变革过程中存在的问题继续概括为"中国式养老"，而另一种可能是通过不懈的努力，丰富"中国式养老"的内涵，真正将它建设成为对中国特色养老方式的正面概括。从社会基础上看，中国的人口老龄化与养老方式有着中国特色，至少未来50年内中国都是世界上老年人数最多的国家，20年后我国的老年人数比所有发达国家老年人总数还多。中国的治理体制、文化传统和家庭代际关系都有着自己的特点，在解决中国养老问题的过程中必然会逐步摸索出符合中国国情的养老方式。积极应对人口老龄化是我国在探索养老方式转变过程中指导未来养老事业发展的思想宗旨，养老方式的转变不仅对老年人的生活质量产生影响，还关系到家庭成员的发展、代际和谐。

在理论层面上，虽然我国的人口老龄化程度并非最高、速度也非最快，但老年人口规模却是最大的，而且人口老龄化进程伴随着因生育政策因素而带来的少子化、空巢化现象，以及因城镇化发展而带来的人口大规模流动，这种多重削弱家庭养老功能的情况在国际上是极其少见的，这也为我们创新养老方式提出了迫切要求。其次，我国处于并将长期处于社会主义初级阶段的基本国情，又注定了经济发展仍是我们当前和未来一段时期内面临的核心发展任务，如何协调好应对人口老龄化与经济发展之间的关系需要更多的智慧。现阶段我国经济处于工业主导向服务业主导加快转变的阶段，国务院在2013年颁布的《关于加快发展养老服务业的若干意见》中明确提出要发展"养老服务业"和"充分发挥市场在资源配置中的基础性作用"，将应对人口老龄化的挑战融入经济转型发展之中，充分体现了国家走"中国式养老"道路的努力。第三，中国上千年来形成的注重家庭成员互助支持的家庭养老模式也为我国走"中国式养老"道路奠定了厚重的文化根基。新修订的《老年人权益保障法》明确了居家养老的基础性地位，社会养老服务体系建设也在探索中从"社会为老人养老"向"帮助家庭实现顺利养老"转变，即在不损害家庭发展能力的前提下实现居家养老，例如家庭照护补贴制度、家庭带薪护理制度等的探索、尝试。这也可以从国家对待机构养老的态度窥见一斑，由先前的机构养老定位为"补充"作用改为"十二五"时期的"支撑"作用，十八届五中全会又将其改回"补充"作用，用词的斟酌体现了国家对于中国养老方式的探索过程。

老年人的养老不应当被看作是完全被动接受支持的方式。事实上，中国老年人自身能力也在发生深刻的变化，2010年人口普查表明，83%的老年人的健康状况自评为健康或基本健康,受过小学及以上教育的老年人占到老年人口总数的87.5%,未受过教育的老年人比例历史上第一次下降到半数以下,只有22.5%。因此,老年人是多样的,许多老年人在以各种形式积极参与社会发展过程。根据预测,在"十四五"到"十六五"时期人口老龄化程度将相继超过20%和25%,老年人口规模相继突破3亿和4亿人,到2050年老龄化程度甚至将达到34%,老年人口规模超过4.7亿人,面对老年人口规模如此庞大的老龄社会,我们应该如何认识和重新定位老年人群也事关我国养老道路的选择。从"以人为本"的发展宗旨出发,"促进人的全面发展"是努力实现的核心目标之一,那么重新认识老年人的社会价值、促进老年人参与社会建设并实现其全面发展也是我们走中国特色养老道路的应有之义。

在中国养老方式变革的过程中,一些特殊群体值得重点关注,因为这些老年人的养老会遇到更多的问题,需要优先得到支持。这些特殊群体包括农村老年人、老年妇女、残疾老年人、留守老人与空巢老人。在养老保障和社会服务城乡差距依然较大的情况下,部分农村地区已经开始探索新的养老支持方式,虽然这些方式并不是最终解决方案,但它们代表了在过渡形式上的探索,为未来农村养老方式的完善提供了实践基础。

考虑到上述关于老年人养老方式变革的各种问题,我们对本书进行如下谋篇布局:

第一篇为我国养老方式变迁,包含两章内容,从现代性和养老方式变迁、家庭变迁和养老方式变化两个视角系统梳理了我国养老方式变迁的内在动力,分别由香港岭南大学亚太老年学研究中心研究计划主任曹婷博士和首都经济贸易大学张航空副教授撰写。

第二篇为养老方式转变与社会养老服务发展,包含三章内容,围绕"居家为基础、社区为依托、机构为支撑(补充)"的社会养老服务体系建设,分别就居家、社区和机构养老的发展情况进行梳理,构成了中国老人养老方式转变的外在动力,分别由中国老龄科学研究中心曲嘉瑶助理研究员、中国人民大学老年学研究所张文娟副教授、中国老龄科学研究中心王莉莉副研究员等撰写。

第三篇为新时期养老方式应对与探索，包含五章内容。第六和第十两章分别探讨了近年来引起全社会关注的医养结合养老和智慧养老的发展情况，第七和第八章在对新时期老年人社会价值进行重新审视的基础上，探讨了老年人参与社会活动的意义与途径，第九章则站在社会建设的高度探讨了老年宜居环境建设问题，也是对新修订的《老年人权益保障法》将"宜居环境"单独成章的回应。第五章和第九章由杜鹏和王雪辉合作撰写，第八章由中国人民大学老年学研究所孙鹃娟副教授撰写，第七和第九章分别由中国人民大学老年学研究所的博士生谢立黎、王永梅和董亭月撰写。

第四篇为特殊人群养老方式研究，包含五章内容。尽管我国的城镇化在加速推进，但城乡二元分割并未根除，农村老人的养老问题仍是养老的难点所在，所以第十一、十二和十四章集中探讨了农村老人的养老问题，涉及留守、空巢老人养老问题和互助养老的探索，第十三章则站在性别视角下研究了老年妇女的养老问题，最后一章对残疾老人的养老问题进行了分析。五章内容分别由中央财经大学丁志宏副教授、河北大学张岭泉教授、全国妇联妇女研究所贾云竹副研究员、中国人民大学老年学研究所唐丹副教授以及国家卫生和计划生育委员会褚湜婧助理研究员撰写。

最后，我负责了全书的审校工作，我的博士生王永梅和曹杨也参与了部分校对工作。感谢本书全体编写成员，感谢团结出版社梁光玉社长和本书编辑，正是因为大家的共同努力，本书才得以顺利付梓。

本书适用于开展从事老龄研究的科研人员，也适用于在政府老龄部门工作的人员、为老服务工作者和普通读者，而且对于做老龄市场开发的企业人员也有一定的参阅价值。尽管我们尽力想要覆盖中国老年人养老方式方方面面的问题，但由于养老方式本身的复杂性和自身能力有限，难免出现疏漏和不足之处，在此我们仅以此书抛砖引玉，希望广大读者在对本书批评、指正的过程中，加深对中国老人养老方式变革的理解与认识。

杜　鹏

2015 年 11 月 22 日

目录 / Contents

第一篇　我国养老方式变迁······1

　　第一章　现代性与养老方式变迁······2
　　第二章　家庭变迁与养老方式变化······16

第二篇　养老方式转变与社会养老服务发展······29

　　第三章　老人的居家养老意愿······30
　　第四章　城市社区养老服务发展现状及问题分析······44
　　第五章　中国机构养老发展现状······57

第三篇　新时期养老方式应对及探索······75

　　第六章　医养结合，任重道远······76
　　第七章　中国老人的社会参与：理论、政策与现状······95
　　第八章　老人的价值与实践······109
　　第九章　中国老年宜居环境建设：现状与发展······123
　　第十章　智慧养老对我国养老服务及养老方式的影响······139

第四篇　特殊人群养老方式研究 ……………………………… 153

第十一章　中国农村的养老方式 ………………………… 154
第十二章　农村互助养老 ………………………………… 170
第十三章　老年妇女的养老问题 ………………………… 183
第十四章　留守老人与空巢老人养老问题 ……………… 199
第十五章　残疾老人养老 ………………………………… 211

第一篇　我国养老方式变迁

第一章　现代性与养老方式变迁

曹　婷

费孝通先生曾在《乡土中国》一书中对当时的中国社会做出了如下描述：

> 从基层上看去，中国社会是乡土性的。我说中国社会的基层是乡土性的，那是因为我考虑到从这基层上曾长出一层比较上和乡土基层不完全相同的社会，而且在近百年来更在东西方接触边缘上发生了一种很特殊的社会。①

无论从费孝通先生的描述，还是从其他相关学术著作上看，"乡土性"也许是近代中国社会最显著的特征之一，也是其后社会延续不断发展的基础。与此同时，在传统自给自足的自然经济中，以家庭为单位的生产和生活方式则在极大程度上决定了个人、家庭、村落的发展。

从"乡土性"基础上来讲，务农的生活模式简单来说就是以"家"为生活单位的聚集，无论在形式和大小上如何变化，其功能是相对稳定的。由于生存主要依靠自给自足，农业和畜牧业供应了一般生活所需，一般家庭成员流动的机会很少。在这样的背景下，家庭有着相比现代社会较为扩

---

① 费孝通，《乡土中国》，三联书店，1948（p.2）。

展且稳定的家庭结构，亲属关系也成为较大社会群体的联系原则。养老是家庭的核心功能之一，由于社会缺乏一套完整的福利制度，只有当亲属出于种种原因无法给年长家庭成员提供保障时，才由亲戚、邻里和乡党伸以援手。然而，随着工业化、城市化的发展，中国家庭的结构和功能也发生了很大的改变。由于老龄化的深入和老年人口的快速增加，一方面社会需要满足快速增长的养老及照顾需求；另一方面，家庭的小型化和核心化也意味着传统的养老方式正面临着前所未有的挑战。

自20世纪50年代开始，西方学者开始系统性地探索现代性（如城市化和工业化）与家庭转变之间的关系。学者们普遍认为，现代性对家庭的影响是普遍的，它不仅极大地改变了人类所生存的物质条件和经济基础，也极大地改变了人们的思想和生活方式。在不同的社会形态下，家庭的结构和养老呈现出不同的形式和变化，而这种变化实际上也是对不同经济、政治、文化背景的反映。因此，要了解养老在现代社会的转变需要从传统的中国家庭谈起。

一、中国传统家庭及养老

从狭义上讲，中国的家庭通常指与西方"家庭"的性质相似的概念，通常指由婚姻或者亲戚血缘关系所构成的群体。然而，中国传统家庭与西方家庭又有着结构上的不同。"家庭"不仅涵盖了有血缘关系的近亲，还包括了血缘较远的同村的氏族人脉。从结构上看，家庭的扩展是单系的，沿父系的路线向外扩大。除了少数例外，家族的扩大通常只包括父系这一方面，"嫁出去的女儿就如同泼出去的水"，结婚之后就属于女婿的家族。而在父系的原则下，家庭可以沿亲属差序向外扩大，并无太多数量上的限制。例如一个五代同堂的家可以包括五代之内所有的亲属（费孝通，1948）。近代社会心理学家杨国枢（C.K. Yang）在研究中曾经这样描述传统的中国家庭："它是扩展亲属结构的，在经济条件允许的条件下，一个家庭通常包括父系的三代。"（Yang，1959：9）

中国的传统家庭不仅仅在结构上是父系的,在组织方式上也遵循严格的父系等级次序。当然,这里所指的等级是相对的概念。父权下的"男尊女卑","以老为尊"在传统中国家庭当中相当普遍。年纪较长的男性,因其在家中享有经济特权,通常在家庭当中拥有很高的权威及绝对优势的地位。原因有两方面:一方面,家庭由于要承担经济、抚育、养老、生育等功能,需要一个强有力的角色来维持正常的运转;另一方面,家庭的团结也需要遵循一定的规范。

在这样的背景下,家庭养老成为一种代际之间的反馈模式,即父母对子女有抚养的义务,而子女长大后也必须回报父母的养育之恩,赡养年迈父母(费孝通,1948)。从社会学理论层面上看,赡养父母在传统中国有其存在的必然原因及社会经济基础。

首先,家庭作为一个最基本的社会组织,承担着经济、教育、保护等多种职能。家庭成员生活在一起,互相协作是维持农业经济、降低生活成本以及增加家庭生产力(收入)的重要途径。对老年人来说,家庭不仅是传递知识和经验的渠道,亦是他们晚年所赖以生存的栖身之所。正如李翊骏(2013)所说:"家庭的生活环境好与坏,与他们本身的福祉休戚相关,同时亦在长者需要扶持的时候发挥了它的保护作用。"

其次,在中国的传统社会缺乏专门的社会保障机制,死亡率和伤残率又极高的条件下,家庭成员之间,特别是代际之间的相互帮助显得极为重要。一方面,国家迫于国力所限,无力满足国民基本生存需要;另一方面,统治阶级也把敬老、崇老、养老作为治国之根本。论语曰:"其人也孝弟,犯上者鲜矣!不好犯上,而好作乱者,未知有也。君子务本,本立而道生,孝弟也者,其为仁之本与[①]。"其基本意思是说如果一个人孝敬父母、尊敬兄长,那就极少会犯上作乱,这就是仁治的出发点。出于此,国家从治理的角度对家庭养老的形式做了基本规范,特别是唐代以后,国家有明文规定,要求子女和年长父母生活在一起,为父母提供衣食住行等方面的照

[①] 《论语·学而》第一·二。

料，如有违反，则可能面临刑罚。

再次，中国敬老尊老的文化也为家庭养老提供了重要的思想基础。例如，《孝经·纪孝行章》对家庭养老的具体内容作了详细的规定："孝子之事亲也，居则致其敬，养则致其乐，病则致其忧，丧则致其哀，祭则致其严。五者尚全，然后能事亲。"这当中基本概括了家庭赡养长者的主要方面，包括老年人的居住、日常照料、医疗、后事等问题。又如《礼记》所云"七十，二膳；八十，常珍之类"，意思是对70岁的人应备有副食，80岁的人应长留美食。此外，儒家的一些经典典籍也集中论述了孝的家庭伦理思想。例如，在《论语》中，孝一共见于14章。比较出名的论述见于《论语·为政》篇，孔子说："今之孝者，是谓能养，至于犬马皆能有养，不敬何以别呼？"① 又说："色难。有事，弟子服其劳；有酒食，先生馔；曾是以为孝乎？"②。此外，孟子也强调说："孝之至，莫大于尊亲。"③ 可见，儒家之为孝，不仅仅要求从形式上供养、照顾父母，更需要从内心深处真正地尊敬父母；不单只是物质的提供，而更是让父母感到心安。到了元代，《二十四孝》通过记述历代24个孝子的行孝故事，更是作为儒家思想及孝道的通俗读物而流传甚广。

出于以上原因，赡养老人，特别是年长的父母，在传统社会一直有着极高的共识。由于社会没有一套完整的福利制度对长者提供晚年保障，所谓"社会供养"只是配合实际的需要，为那些没有家庭成员的老年人提供一定程度的帮助。因此，除非是子女由于种种原因无法给父母提供保障，不能单独承担奉养之责，才由亲戚、邻里或社会伸以援手。出于这样的原因，无论是统治阶级还是普通民众，对于赡养父母以及孝道的宣扬早在远古时代就有极高的共识。可以说，中国传统的赡养父母既与当时的社会经济环境相适应，也是大家庭制度和儒家孝道一脉相承的文化产物，有着深刻的历史文化背景。

---

① 《论语·为政》第二·七。
② 《论语·为政》第二·八。
③ 《孟子·万章上》。

二、现代性与养老功能的转变

社会从以农业经济为主蜕变到工业化的生产方式带来了一系列的变化。这种改变不单影响了社会和政治制度,也影响到人们的生活习惯、行为模式以及人与人之间的关系。社会经济结构性的改变也使得传统的家庭与家庭制度发生深刻的变化,同时亦使得家庭成员之间的关系受到冲击而影响到家庭的养老功能。从家庭形态看,家庭规模日益小型化,结构核心化使得传统的大家庭制度瓦解。这意味着多数子女婚后倾向于组织自己的小家庭,而不再与年长的父母生活在一起,这直接导致赡养父母的结构性转变。

关于现代化与家庭赡养关系在20世纪80年代有比较集中的讨论。其中,费孝通在《家庭结构变动中的老年赡养问题》一文中指出,从传统社会向现代社会的转变当中,家庭赡养的模式及其内容都有较为明显的变化。以农村的老年赡养为例,他认为在20世纪50年代至80年代之间,随着封建制度的废除以及从私有制到公有制的转变当中,农村中的土地也从家庭所私有变为集体所有,这标志着生产关系上的根本性变化——即从家庭式的农业经济到以工资为生。这种变化给家庭赡养所带来的最大改变就是家庭生产职能的日益缩小,家庭成员间经济关系的改变。例如,由于年轻的妇女也开始从事劳动,成为贡献家庭经济的一部分,媳妇的地位有一定程度的提高。传统"媳妇顺从婆婆"的关系逐步变为"合作互惠"的关系。在赡养父母方面,由于伦理规范以及社会舆论的支持,传统的家庭养老仍然没有受到冲击。虽然在实际的过程当中,小家庭的数量有所增加,但并未对传统的养老造成很大冲击。反馈的亲子关系仍可以在不同类型的家庭结构中体现(费孝通,1986)。

相比农村赡养实践的研究,对城市的研究显然涉及更为宽广的领域。例如,据1985年中国社会科学院社会学研究所对5座城市(北京、天津、上海、南京、成都)4385户家庭调查的结果显示,城市的家庭仍然承担着传统的赡养长者的功能。但与农村的赡养形式有所不同的是，社会也承担了一部分赡养长者的责任，主要体现在现代社会保障制度的确立。从调查的结果看，家庭赡养老年人基本上是两种类型：一种是和父母（或一方）共同生活的主干家庭或扩展家庭，子女直接承担赡养老人的义务；另一种则是不与父母共同生活的子女，在经济上或劳务上仍尽赡养的责任。家庭赡养更主要的是在于对老人生活上的帮助和照料，以及感情和精神上的交流和慰藉。由于退休金足以支持其生活，因此，在经济上完全依赖子女供养的为数不多（刘英，1991）。

1990年代以来，随着城市化、人口流动性的增加，家庭及亲属关系也发生了巨大的转变。从中国大陆和香港的研究来看，赡养父母仍然被认为是天经地义，然而在具体内容或者实践当中有一定差异。例如，在高度城市化和工业化的香港，核心家庭虽然仍占主要地位，但这并未代表扩大的亲属网络日渐瓦解。相反，有多项研究显示大多数夫妇跟核心家庭以外的亲戚仍然保持紧密的联系。而在这些关系中，他们与老年父母的关系特别密切。一方面小家庭的居住方式强调家庭的经济独立和以夫妻关系为主轴的家庭意识，另一方面亦强调代际之间的义务承担和相互帮助。大多数已婚子女虽然不与父母同住，但会经常回来探访，对老年父母仍然给予各方面的照顾，包括日常照料和生活帮助。由于缺少广泛的退休保障计划，大多数长者在经济上仍然靠子女提供一定支持（李明堃，1991）。然而，与此同时，随着妇女婚后就业日益普遍，虽然提高了她们在家中的地位，但也加重了她们工作负担和精神压力。从一定程度上来说，外出就业减少了她们对于家中长者的照顾和支持。与此同时，政府也开始逐渐承担起更多照顾长者的责任，在社会保障、服务、健康、医疗等多个方面为长者提供帮助。

从中国大陆一些调查研究上看，家庭赡养老人的传统似乎仍有保持。例如，2000年全国人口普查结果显示，总体上我国老年人生活来源的最主要方式还是家庭成员的供养，占老年人总数的48.83%，排在第二位的是老年人自己的收入，占32.99%；第三位为退休金，占19.61%。这种情况尤其在农村比较明显，而城市的老年人中，随着自身经济能力增强，对子女和亲属的依赖逐渐下降，绝大部分以离退休金为主要生活来源（杜鹏，2003）。然而，在生活照料及精神支持方面，家庭赡养的方式以及赡养的内容则与家庭经济条件、居住安排等因素有关。在具体的分工上，逐渐从只由儿子负担转变为由儿女共同负担。在城市中，严格的独生子女政策给子女的经济支出、时间安排、精力分配等带来了适应的压力。特别是当这种"照顾者"角色与其他社会角色或社会规范冲突时，赡养父母的负担对一些家庭来讲是难以承受的（王梅等，1994）。然而，这是否意味着家庭赡养父母的功能在弱化？对此，学者看法不一，但绝大多数学者认为，家庭结构核心化及家庭养老资源的减少确实给子女赡养父母带来了很多挑战。虽然赡养父母作为一种责任仍然在社会上有广泛的认同，但是在具体内容及形式上面临许多实际问题。随着平均寿命普遍延长，老年人口数量大幅增加，政府逐渐开始承担起更多照顾长者的责任。近年来，提倡赡养父母与社区服务、养老保障等相结合的发展模式即是对当前养老现况的响应。

三、赡养结构转变的理论解释

如果从社会学"功能主义"的解释来看，赡养的结构转变亦是家庭功能逐渐专业化的表现。例如，社会学家帕森斯（Parsons，1965）在其文章《普通美国家庭》（The Normal American Family）中阐释了家庭功能的结构性转变。在其提出的"结构性分化"（Structural differentiation）理论中，他提出随着社会经济的转变，家庭所具有的许多功能逐步被社会专业机构，例如学校、医院、福利机构以及商业机构所取代，最终的结果是家庭从一个生产单位转变为一个消费单位。然而，在这个过程当中并非意味着家庭重要性的衰退。反而，虽然失去了经济生产的功能，家庭在其他两方面的重要性更加突出：儿童的抚育及社会化、成年人格的稳定。帕森斯虽然没有特别提及家庭的赡养功能，但他也指出家庭为家庭成员提供物质及情感支持方面仍然非常重要。

很显然随着家庭的发展及改变，代际之间的互动（特别是家庭成员间关系）也受到影响。因此，对于家庭赡养（或者说是长者照顾）方面除了从功能主义的角度做出解释，另有学者从"家庭衰退论"（Decline of the Family）的角度做出回应。他们认为家庭结构的改变和功能都受到现代化冲击，从而带来很多负面结果，例如离婚、单亲家庭等，而这些趋势对于一些在家庭当中较为弱势的成员（如长者）来说影响很大。例如，普雷斯顿（Preston，1984）提出家庭对于年长家庭成员的支持和承担越来越少。波普诺（Popenoe，1993）也提出至少在两个方面，家庭所具有的功能非其他社会组织可取代：子女的抚育以及对家庭成员的关怀。除此之外，他亦认为从功能论的角度只能为家庭功能的改变提供一部分解释，而更重要的是世界观由集体主义向个人主义的转变。追求个人兴趣及发展目标被广泛认为是个人权益的一部分，因此家庭对于其他家庭成员的支持和影响逐步下降（Preston，1984）。

"家庭衰退论"在一定程度上从家庭演变的角度对家庭功能的结构性转变做出了一部分解释。学者们以家庭的衰退为出发点，将家庭功能的改变联系到家庭的衰落，例如越来越高的离婚率、越来越多的同居、未婚先孕、单亲家庭等。然而，这些推论的提出仍建立在以核心家庭为理想家庭形式的探讨之上。随着家庭形式的多样化，显然"家庭衰退论"过于在乎形式而忽略了家庭所包含的具体内容。其推论的重点似乎在于随着核心家庭逐渐衰弱，现代的家庭再难以维持家庭的支持功能。现代家庭虽然仍旧维持其重要性，然而其对家庭成员的支持却无可避免走向衰弱。"家庭衰退论"的提出在20世纪80年代及90年代成为学术界探讨的主流，然而也有学者指出，其对家庭功能的解释过于主观且其论点多负面，除了主流的家庭形态并未考虑到其他类型的家庭。如同本斯顿（Bengston，2001）所评论，现代家庭的功能远已经超出了共同居住的范畴。家庭的结构固然重要，但是家人之间的关怀并不仅仅限于地理的空间与距离的远近。然虽如此，随着现代化及科技的进步与发展，人的寿命提高，死亡率下降，家庭随之发生改变，但是与此同时，人们也开始关注及担心老年人将失去家庭的照顾及关怀。

从以上讨论看出，随着社会经济条件的改变，家庭的养老功能，即赡养责任也随之发生了结构性转变。无论是从"功能论"抑或是"家庭衰退论"及其相关的探讨，都可以看出，家庭的赡养责任已不再像传统社会那样坚不可摧。如果说传统社会的赡养责任更多在于家庭，而社会只是作为辅助性角色，仅只在家庭成员无法提供照料时给予帮助，这当中有经济、社会条件的限制，也有传统文化的约束。然而在现代社会，这种约束与局限性显然已不再成为个人必须赡养年长父母的理由。随着社会福利的发展，特别是家庭福利政策、退休保障的发展，社会开始承担一部分赡养责任。特别是在老年人的社会保障（包括经济援助、退休金及其他公共津贴）、照顾服务（包括社区照料、起居及个人护理等）、院舍及医疗服务（包括安老院舍、疾病预防、治疗及康复服务等）等方面为老年人提供一系列援助。另外，在住房、交通、文化康乐等领域亦考虑到不同年龄群体的需要，为他们提供更多参与社会事务及个人发展的机会。

由此可见，随着社会经济条件的改变，赡养的内容和形式相比较以前有很大的不同，赡养责任也经历了从家庭承担到家庭与社会（如政府）共同分担的转变。虽然赡养父母仍然是尊老敬老的价值观和优良文化传统的体现，被社会所广泛推崇，然而在实际当中，由于父母与子女在家庭经济和社会地位方面的转变，家庭赡养的形式和内容也发生了实质改变。对个人主义的崇尚以及对自我价值的追求使得传统的尊老敬老文化传统受到一定冲击，老年人个体逐渐不再依附于家庭，变得更为独立自主。

四、现代中国社会家庭养老的困难和挑战

如上所述，近几十年来，随着社会变迁，家庭的养老护老功能有渐趋式微之势。受西方福利制度和观念的影响，传统的家庭赡养模式也随之改变，取而代之的是政府一定程度上取代家庭，利用社会资源提供一系列福利保障及相关服务。然而，面对日益增长的服务需求与资源分配有限的状

况，如欲大量增加老年人的公共福利及配套服务是否是一个最佳选择？

无论是从西方发达国家的经验还是近年来有关研究均证明，一味增加政府供应并非是有效应对人口老龄化的方法，相反还会给政府增加巨大的财政压力；于老年人本身来说，离开熟悉的环境和社区也会带来种种不适应。在这种情况下，很多学者又重新提倡家庭养老。但是，如何平衡家庭养老和机构养老仍是一个值得深入研究及讨论的话题。

从国家层面上看，中国家庭养老的困难主要体现在以下几个方面：

随着社会的发展，传统三代同堂的家庭逐渐被取代，小型及核心化的家庭成为家庭模式的主流。对于大部分家庭来说，已婚子女与父母分开居住的情况非常普遍。"空巢家庭"的增多伴随着家庭的变迁而产生，导致子女未能赡养父母的案例增多。

由于现代社会的职业流动性大，保守且刻板的大家庭模式未能适应变化快及节奏紧张的生活方式。青年一代为生活而奔忙，早出晚归，家庭成员之间的凝聚力逐渐下降。此外，农村与城市之间人口流动，青年一代外出打工的增多，一定程度上导致了农村"留守老人"无人照料的困境。

随着生育率下降、单亲家庭、无子女家庭在城市中所占比例上升，使得潜在家庭照料者数量减少，直接造成了家庭养老可利用资源的缺乏。20世纪70年代末开始实行的严格的生育政策，则进一步加速了家庭向小型化及核心化的转变。

现代社会女性受教育程度及社会地位的上升一定程度上改变了"男主外，女主内"的传统性别分工，随着女性就业的增加，其传统家庭照顾者的角色也随之改变。当越来越多的双职家庭出现时，"有心而无力"则成为很多家庭面对养老困局的真实写照。

除了以上所述，思想和文化的变迁也一定程度上影响了个人对养老观念及其行为的改变，从而影响家庭对老年人的赡养。例如，现代社会更注重个人和自我发展，在巨大的生活压力和日益昌盛的个人实用主义观念影响下，更多的人选择将事业放在首位，这无疑将给家庭关系及老年人的赡养带来不小的挑战。近年来，老年人与子女之间赡养纠纷的案例有所增加，而疏忽甚至虐待老人的情况也不时见诸新闻媒体。在这样的背景下，家庭养老能否在现代社会继续得以保持？

据笔者的调查及相关研究显示，以上所提及的困难并不意味着家庭养老的重要性逐渐下降。虽然西方个人主义的因素已经渗入到家庭关系之中，但是家庭成员间仍保持着互相扶持的亲情纽带，养老护老的文化仍然受到社会的推崇。在现代社会，中国的家庭仍然有着尊老护老的传统。生活方式的改变及技术手段的更新在一定程度上对于子女和父母之间的沟通提供了更多样化的选择及可能性；专业社会服务的发展也在一定程度上缓解了由于父母和子女分开居住所带来的不便；而现代化的运输方式，如高铁、地铁等快速交通的发展则缩短了地理距离，有利于子女和亲属在需要的时候对老年人提供帮助。

因此，无论是经济支持、慰问探访、生活起居的照料，只要"意愿"犹在，家庭养老仍可以通过不同的方式得以实现。从这个角度上看，现代性对家庭养老的影响更多体现在对赡养的模式和方法的改变。然而，我们所不能忽略的是，养老仍然是一个关乎个人、家庭和社会发展的重要问题。

五、政府的角色

越来越多的证据显示，家庭对于老年人的支持和关怀非常重要。这是因为长者既有物质需求又有精神需求，专业的支持固然重要，但是家人的陪伴、亲情与情感的沟通非其他所能代替。近年来，国际社会提出"原区安老"（Ageing in Place）的概念，即是希望透过各项计划为长者提供多种社会服务及福利，包括社区照顾及支持服务等，鼓励长者尽量留在熟悉的社区，同时鼓励家庭给长者提供帮助。从这个意义上来说，个人、家庭、社区、政府应当互相合作，共同承担责任。正式的支持系统，特别是以社区为基础的服务（Community-based Services）应当加强以应对未来人口老龄化的需求。同时，政府政策也应当对那些照顾老年人的家庭提供支持，尽量减轻其负担。

具体来讲，笔者认为未来政策发展的重点应该在以下几个方面：

（一）发展社区支持系统，为有需要的老年人提供辅助服务

传统的家庭养老模式主要由子女和家人提供照料为主，然而由于家庭和社会经济条件的改变，单纯地依靠家庭赡养从客观上已不现实。在提倡孝道的同时，也应看到家庭在照顾老年人方面所遇到的困难，特别是对于那些需要长期照料（long term care）的老年人，除了日常生活照料之外，还需要专业的护理及照顾服务。而在此方面，家庭所能提供的资源有限，需要政府给予支持和帮助。此外，随着家庭结构和养老资源的改变，未来的家庭养老将更加侧重于精神和情感方面的支持，在提供日常生活照料、专业医护等方面的服务时，社区资源的补充将非常重要。这类服务包括一系列结合了社区照顾的居家养老服务，包括健康护理、日间照料、社交娱乐、健康教育及各种支持性服务（如送饭、家政服务）等。

（二）鼓励家庭与政府共同分担责任，加强彼此之间合作

从长远看，政府与家庭共同分担、加强合作是发展的重点。因为对于大部分老年人来讲，家庭仍然是最可靠、最稳定的居所，而家庭养老对保持代际和谐和代际互助，以及保持家庭稳定、健康发展都十分必要。政策的重点应该在于厘清政府与个人、家庭间责任。政府主要在政策引导、宣传及推广、完善相关制度等方面发挥主要功能，特别为最有需要帮助的群体提供服务和帮助。此外，政府还应透过多种形式（如教育宣传、税收减免、政策激励等）支持家庭承担赡养责任，同时鼓励老年人与社会保持联系、积极参与社区活动。

（三）推广孝道，为家庭照顾者提供帮助

西方的经验教训表明，单凭借政府加大财政投入为长者提供服务及资源并不能满足日益增长的安老需求。从这个意义上来说，儒家传统提倡的家庭责任，特别是对于家庭的养老，有着特别重要的意义。在现代中国社会，大

多数人仍很重视家庭，中国传统的孝道伦理仍旧获得道德上的认可。然而也应留意，现代青年人较以前普遍重视自我，而学校教育较为重视学科成绩，以孝道为核心的道德及品行教育则较为缺乏。因此，我们需要透过正规及非正式的教育普及孝顺观念，强化家庭在养老方面的功能。此外，由于平均预期寿命的延长，加以照顾者之个人角色转变（例如，妇女婚后就业普遍），对老年人的照顾是颇为困难的。特别是如果遇到健康欠佳或缺乏经济能力的长者，就会为家庭带来沉重的压力，且老年人也未必能得到所需要的照顾。在这种情况下，政府应未雨绸缪，在强化家庭责任的同时，提供支持给那些照顾长者的家庭，特别是家庭照顾者，尽量减轻他们的照料负担。

六、总　结

综上所述，家庭在现代化的社会中，尤其是养老方面仍然扮演着重要的角色。种种研究显示，经济和社会结构性的改变（如工业化与城市化）会带来家庭结构与亲属关系的改变与重构，养老的具体形式在现代化的过程中可能改变，但家庭在情感支持与赡养老年人方面所发挥的作用仍然非常重要。中国社会有其独特的历史文化背景，对老年人来说，家庭既是他们晚年修养作息的地方，亦为他们提供了物质和精神上的必要支持。在人口老龄化日益加剧的背景下，面对日益增长的养老需求，需要个人、家庭、政府的共同合作、共同承担责任。政府需要在政策上配合以支持家庭，特别是家庭照料者，为长者提供必要的照料，同时，需要建立与改善以社区家居为基础的各项服务。

（作者简介：曹婷，女，本科与研究生毕业于中国人民大学，于香港岭南大学取得社会科学哲学博士学位。目前就职于香港岭南大学亚太老年学研究中心，任研究计划主任。主要研究方向为家庭转变与养老、老龄化与社会支持、老年人长期照护、机构照料与护理、生命教育、老龄政策等。联系电话：（852）2616 7421；电邮：caotingcn@gmail.com.）

参考文献

[1] 杜鹏，中国老年人主要生活来源的现状与变化，《第五次全国人口普查科学讨论会》（第37–43页），2003。

[2] 费孝通，《乡土中国》，三联书店，1948。

[3] 费孝通，三论中国家庭结构的变动，北京大学学报（哲学社会科学版），3，1986。

[4] 费孝通，家庭结构变动中的老年赡养问题，见乔健主编，《现代化与中国文化研讨会论文汇编》（第3–12页），香港中文大学社会科学院暨社会研究所，1983。

[5] 李明堃，香港家庭的组织与变迁，见乔健主编，《现代化与中国文化研讨会论文汇编》（第3–12页），香港中文大学社会科学院暨社会研究所，1991。

[6] 李翊骏，以孝为本之家庭养老，社会福利信息网 http://www.swik.org.hk/SWIKPortal/DesktopDefault.aspx?tabIndex=0&tabid=50&ItemID=502，2013。

[7] 刘英，中国城市家庭的发展与变化：京津沪宁蓉五城市家庭调查初析，见《中国家庭变化与其变迁》（p69–80），香港中文大学社会科学院暨香港亚太研究所，1991。

[8] 王梅，夏传玲，北京中青年家庭养老现状分析，人口研究，4，1994。

[9] Bengtson, V. L.（2001）. Beyond the Nuclear Family: the Increasing Importance of Multigenerational Bonds. *Journal of Marriage and Family*，63（1），1–16.

[10] Parsons, T.（1965）. The Normal American Family. In S. M. Faber（Eds.）. *Man and Civilization: the Family's Search for Survival*. New York: McGraw-Hill.

[11] Popenoe, D.（1993）. American Family Decline, 1960–1990: A Review and Appraisal. *Journal of Marriage and Family*. 55（3）. 527–542.

[12] Preston, S. H.（1984）. Children and the Elderly: Divergent Paths for America's Dependents. *Demography*. 21, 435–457.

[13] Yang, C. K.（1959）. *A Chinese Village in Early Communist Transition*. Technology Press（distributed by Harvard University Press）. Cambridge, Massachusetts.

第二章 家庭变迁与养老方式变化

张航空

一、新中国建立以来中国家庭的变迁

与传统社会相比,家庭的环境在新中国建立以后已经发生了根本性的变化。20世纪特别是1949年以来,中国在社会、经济、文化和人口等诸多领域发生了急剧的变革。在社会变革的过程中,家庭也在发生变革。简单来说,就是家庭功能在一天天地由多到少,家庭规模在一天天地由大到小,家庭结构在一天天地由紧到松,家庭观念在一天天地由浓到淡。[①]

(一)家庭户规模由大到小

中国历史上的家庭形态或家庭结构是什么样子?是以小家庭为主,还是以大家庭为主?在近代之前,这似乎并不是一个问题。人们的基本认识是,父母同居、兄弟不分家形成大家庭是当时社会的主流[②]。从历史上来看,也确有累世同居共财的大家庭。最典型的例子是江州(今江西九江)陈氏大家庭,到宋代已经有37000多人。由于人口太多,实在难以供养下去,

---

[①] 邓伟志,《近代中国家庭的变革·序》。
[②] 王跃生,制度影响下的中国家庭迁变[J],《中国图书评论》,2008(7):p76-83。

最终还是在仁宗嘉祐年间分开了①。但是，对于绝大多数社会中下层家庭来说，大家庭是可望不可即的。中国古代家庭的户均人口在4—7人之间，尤其是5—6人之间②。

从新中国建立以来的数据来看，也验证了上述观点，中国家庭户规模确实不大，1953年家庭户规模只有4.3人，基本上属于四口之家。随着此后出现的两次人口出生高峰的陆续到来，妇女生育孩子的数量增加，家庭户规模出现了增加的趋势。到了1974年，家庭户规模接近五口之家。

随着计划生育政策的实行，妇女生育孩子数量逐渐减少，再加上居住条件的改善，家庭户规模不断下降。1975年家庭户平均规模接近5人，到了1989年，家庭户规模降到4人以下，2013年降到了3人以下。

（二）趋向简化的家庭结构

家庭结构可以分为以下几类：（1）核心家庭，指夫妇及其子女组成的家庭。核心家庭可进一步分为夫妇核心家庭、一般核心家庭、缺损核心家庭和扩大核心家庭。（2）直系家庭，指父母和一个已婚子女或未婚兄弟姐妹生活在一起所组成的家庭。可细分为二代直系家庭、三代直系家庭、四代直系家庭和隔代直系家庭。（3）复合家庭，指父母和两个及以上已婚儿子及其孙子女组成的家庭。复合家庭可以进一步分为三代复合家庭和二代复合家庭。（4）单人家庭，指只有户主一人独立生活所形成的家庭。（5）残缺家庭，可分为两类：没有父母只有两个以上兄弟姐妹组成的家庭；兄弟姐妹之外再加上其他有血缘、无血缘关系成员组成的家庭。（6）其他家庭，指户主与其他关系不明确成员组成的家庭③。

大致说来，我国古代家庭结构的演变经历了三个阶段：战国秦汉、魏

---

① 徐怀林，陈氏家族的瓦解与"义门"的影响[J]，《中国史研究》1994（2）：p157-165。
② 张国刚主编，郑全红著，《中国家庭史·民国时期》[M]，广州：广东人民出版社，2007年。
③ 王跃生，当代中国家庭结构变动分析[J]，《中国社会科学》，2006（1）：p96-108。

晋至隋唐、宋代以后。从结构上看，宋代家庭仍然是三代①。到了民国，随着年代增加，二代户、三代户逐渐占绝大多数②。从1929—1949年各地的调查数据来看，二代户的比例占据绝对的多数。

二代户占据绝对的多数状况依然保持到现在。从1982年以来的人口普查数据来看，我国的家庭户数量在不断地增加，二代户的数量在2000年以后开始减少，但是，二代户占全部家庭户的比例依然接近一半。从2000年以来的情况看，三代户和四代户的数量有所增加，五代及以上户的数量有所减少。平均而言，2000年全国的家庭户有2.0代，到了2010年下降到1.9代。家庭代际数目的急剧减少，意味着家庭结构在迅速扁平化，也意味着家庭代际间传统互哺功能和传承功能的急剧弱化③。

从历史记载来看，曾经出现过张公艺九世同居。但是，不得不说的是，核心家庭才是主流。通过不同年代家庭类型对比，对于民国家庭结构类型的定论是：核心家庭和主干家庭始终是家庭类型的主流形态④。从最近30年的情况来看，核心家庭一直是我国最主要的家庭形式，比例稳定在七成左右。与此同时，我国的直系家庭的比例变化不大，一直保持在两成左右。其他类型的家庭比例加在一起在一成左右。

（三）老年人主要居住在核心家庭中，与子女同住的比例在下降

从现实的生活来看，父母与子女之间由于观念与生活习惯的差异，更愿意分开居住。与此同时，住房条件的改善为分开居住提供了可能。再加上越来越多的子女在异地就业并定居，老年人与子女不得不分开居住。数据可以为上述观点作证，1982年65岁及以上老年人与子女居住的比例接近七成，到了2000年这一比例下降到六成，到了2010年这一比

---

① 张国刚主编，邢铁著.《中国家庭史·宋辽金元时期》[M]，广州：广东人民出版社，2007年。
② 张国刚主编，郑全红著.《中国家庭史·民国时期》[M]，广州：广东人民出版社，2007年。
③ 周长洪.中国家庭结构变化的几个特征及其思考——基于"五普"和"六普"数据的比较[J]，《南京人口管理干部学院学报》，2013（4）：p3-8。
④ 张国刚主编，郑全红著.《中国家庭史·民国时期》[M]，广州：广东人民出版社，2007年。

例只有五成①。

子女长大了要脱离父母，成家立业，这是古今通例。那些多子女家庭在子女长大成人后自然要分化成若干小家庭，我们通俗的说法叫"分家"②。在现代社会，分家越来越普遍。所以，老人与子女分开居住的现象更加普遍。从数据来看，老人与子女不管是已婚子女还是未婚子女同住的比例都在下降。1982年，老人与已婚子女同住的比例接近七成，但是，到了2010年不足五成；与未婚子女同住的比例在1982年超过一成，但是，到了2010年不足一成，1982年的比例是2010年的两倍③。

另外，从老年人的居住方式来看，虽然与子女同住的比例在下降，但是，居住在核心家庭中的比例在上升。1982年居住在核心家庭的比例在四分之一左右，到了2010年这一比例超过三分之一。老年人生活在直系家庭中的比例一直比较稳定，保持在五成左右④。

（四）独居老人和空巢老人越来越普遍

空巢家庭是形象地用小鸟离开母巢来形容在人类社会里，孩子长大成人后从父母家庭分离出去，只剩下年老一代人单独生活的家庭⑤。生活在空巢家庭中的老人即为空巢老人。作为家庭生命周期的最后一个阶段，当空巢家庭中的老人其中一方去世，剩下的老人就是独居老人。

从最近几次的人口普查数据来看，独居老人的数量在不断增加。1990年我国的独居老人数量只有768.6万，2010年剧增到1444.0万。从空巢的老人数量来看，2000年为1556.2万，2010年进一步增加到2706.2万。从上面的数据可以看到，到2010年我国的独居老人和空巢老人数量已经超

---

① 王跃生.中国城乡老年人居住的家庭类型研究——基于第六次人口普查数据的分析［J］，《中国人口科学》，2014（1）：p20-32。
② 张国刚主编，郑全红著.《中国家庭史·民国时期》［M］，广州：广东人民出版社，2007年。
③ 王跃生.中国城乡老年人居住的家庭类型研究——基于第六次人口普查数据的分析［J］，《中国人口科学》，2014（1）：p20-32。
④ 王跃生.中国城乡老年人居住的家庭类型研究——基于第六次人口普查数据的分析［J］，《中国人口科学》，2014（1）：p20-32。
⑤ 邬沧萍.长寿时代的空巢家庭企盼亲情住宅［J］，《住宅科技》，2004（2）：p44-48。

过 4000 万。

与年轻人相比,老年人在生理机能退化以后,在生活方面更加需要他人给予照料,一旦不能得到及时的照料就可能引发诸多问题。2014 年浙江嘉兴发生了两位老人在家中双双离世十多天后才被人发现的不幸事件。而且,独居老人与空巢老人与其他老人相比,在精神慰藉方面更需要给予关注。2012 年 10 月,一位七旬老汉夜晚闲来无事,打电话报警,但是为何事报警却说不清楚。派出所民警担心老人会有意外立即出警。到达老人的家后,其子告诉民警,自己父亲已经七十多岁了,因身体有残疾,只好整天待在家中。在家中无聊、烦闷,又睡不着,就拨打 110 解闷。

二、新中国建立以来养老方式的变迁

随着城乡养老保险制度的建立,在经济供养方面家庭的功能已经被外化。随着老龄产业和养老服务业的不断发展,在生活照料方面家庭的功能也在逐渐被外化。随着家庭功能的弱化和外化,出现了更多类型的养老方式。有人将中国的养老方式分为十六种,除了我们熟悉的机构养老和居家养老以外,还有以房养老、异地养老、旅游养老等。下面主要介绍家庭养老、居家养老和机构养老的变迁与发展。

(一)家庭养老在延续中变迁

随着人口老龄化的不断推进,不管是政府还是社会抑或是家庭都认识到家庭养老已经独木难支。因此,社会养老势在必行。但是,在现有的人力、物力和财力难以支撑众多的老年人口实行社会养老的情况下,家庭养老在现阶段依然是最主要的养老方式。

在应对人口老龄化的过程中,上海市提出了"9073"养老模式,即 90% 的老人依靠居家养老、7% 的老人依靠社区养老、3% 的老人依靠机构养老。北京市提出了"9064"养老模式。即 90% 的老年人在社会化服务协助下通过家庭照顾养老,6% 的老年人通过政府购买社区照顾服务养老,

4%的老年人入住养老服务机构集中养老。

不管是"9073"养老模式还是"9064"养老模式，90%的老人是由家庭自我照顾或者在社会化服务的协助下通过居家养老。而在广大的农村地区以及经济落后地区，建成完善的养老服务体系任重道远，现阶段老人依然需要通过家庭来养老。需要注意的是，虽然家庭养老在过去现在以及未来一段时间内都将是主要的养老方式，但是，家庭养老已经开始出现了变迁。

1. 家庭内部亲子之间的经济来往呈现弱化的趋势

"反馈"模式和"接力"模式是费孝通先生基于中国农村和西方社会的情况提出，随着社会经济的发展，家庭养老的经济基础发生了巨大变化。在传统的养老模式中，子女是父辈经济生活的最主要的支持者。但是，随着养老保险制度的建立，家庭内部亲子之间的经济来往呈现弱化的趋势，这一点在城市体现得尤为明显。

一般而言，老年人与子女之间的经济往来是双向的，即老年人接受子女经济支持的同时也会在经济上给子女支持。如果子女给老年人的经济支持大于老年人给子女的经济支持，即称为供养；如果子女给老年人的经济支持小于老年人给子女的经济支持，即称为抚养；如果子女给老年人的经济支持等于老年人给子女的经济支持，即称为互惠；如果老年人与子女之间在经济上没有任何往来，即老年人不给子女任何经济支持，子女也不给老年人任何经济支持，这样称为游离[1]。

对1992年进行的中国老年人供养体系调查的数据分析显示，城市老人中供养型占39.8%，抚养型占23.9%，互惠型占0.9%，游离型占35.4%；农村老人中上述比例分别为71.9%、6.4%、0.4%和21.4%[2]。2010年在北京市海淀区的调查数据表明，老年人家庭代际经济流动类型中供养型占20.8%，抚养型占14.4%，互惠型占0.2%，游离型占64.5%。从上面的数据可以看到，随着时间的推移，老年人与子女之间在经济方面交往越

---

[1] 郭志刚、陈功.老年人与子女之间的代际经济流量的分析[J]，《人口研究》，1998（1）：p35-39。
[2] 郭志刚、陈功.老年人与子女之间的代际经济流量的分析[J]，《人口研究》，1998（1）：p35-39。

来越淡化。

2. 养老金在一定程度上"挤出"了子女的经济支持

新中国建立后，中国政府在20世纪50年代建立了城镇养老保险制度，随着养老保险制度的不断完善，养老保险覆盖的人群不断扩大，水平不断提高。从国外的情况来看，养老金的存在会"挤出"子女的经济支持或者降低子女提供经济支持的可能性，即由于父母领取了养老金，子女的经济供养数量会减少，父母甚至在经济上还会反过来支持子女。

国外的研究发现，有养老金的老人获取代际经济支持的可能性会有所下降，没有养老金的家庭获取个人支持的可能性要高出20%[1]。虽然养老金会"挤出"代际经济支持，但是"挤出"的比例还是要少于纯利他主义所认为的100%的替代[2]。南非的研究发现，老年人养老金增加1兰特，代际经济支持就会减少0.3兰特[3]。国内的研究也得出了相同的结论。中国上海2003年的调查数据分析结果显示，养老金对子女提供的经济支持的数量有显著影响，老年人养老金每增加1元，子女提供代际经济支持就会减少0.45元。即随着父母养老金的增加，老年人子女提供的经济支持在减少。

3. 老年人的主要生活来源中家庭成员的供养比例呈下降的趋势

从1994年以来的数据来看，家庭成员供养、劳动收入和离退休金是中国老年人的三大主要生活来源，三者比例合计一直在九成以上。从最近20多年的变化来看，依靠家庭其他成员供养的比例在不断下降，虽然离退休金比例有所下降，但是也接近四分之一。随着城乡养老保险制度

---

[1] Donald Cox and Emmanuel Jimenez. Social Security and Private Transfers in Developing Countries: The Case of Peru. The World Bank Economic Review, 1992, 155–169.
[2] Anette Reil-Held. Crowding out or Crowding in? Public and Private Transfers in Germany, European Journal of Population, 2006, 263–280.
[3] Jensen, Robert T. Do Private Transfers Displace the Benefits of Public Transfers? Evidence from South Africa. Journal of Public Economics, 2003, 89–112.

的完善以及离退休金水平的不断提高,可以预见的是老年人主要生活来源中离退休金的比例会不断提高,而依靠家庭其他成员供养的比例会继续下降。

4.女儿在家庭养老中承担的责任逐渐增强

随着家庭养老提供者的范围扩大,女儿也会像儿子一样承担养老的责任。费孝通先生在阐述"反馈"模式和"接力"模式时,认为女儿并不是家庭养老的提供者。随着计划生育政策的实行,由于有些家庭没有儿子,女儿不得不替代儿子的角色。随着女性社会地位的提高,不承担赡养父母和家计责任的女儿,越来越多地在娘家的经济和家庭福利等方面扮演重要角色①。从1994年"保定市老年人及代际关系调查"数据比较分析儿子和女儿对父母的支持,发现儿子和女儿提供经济支持的比例接近,但是儿子的人均支持量明显超过女儿②。其他学者对中国城市家庭的研究则发现已婚女儿比已婚儿子给父母更多的经济支持③。在日常生活中,尽管老年人一般在居住和经济供养上由儿子承担赡养责任,但是,在生活照料上,尤其是生病或住院期间的照料,女儿也发挥很大作用④。

(二)居家养老潜力巨大,渐成养老新选择

1.现有养老模式不能满足老龄社会需求

如今,不管是家庭养老还是机构养老都遇到了一些挑战。对于家庭养老来说,随着家庭结构的小型化、核心化以及子女的流动与迁移,许多老人生活在空巢家庭中。与此同时,劳动参与率保持在较高的水平,常使得

---

① 唐灿、马春华、石金群.女儿赡养的伦理与公平——浙东农村家庭代际关系的性别考察[J],《社会学研究》,2009(6):p18-36。
② 徐勤.儿子与女儿对父母支持的比较研究[J],《人口研究》,1996(5):p23-31。
③ Yu Xie.and HaiYan Zhu.2009. Do sons or daughters give more money to parents in urban China?Journal of Marriage and Family,71(1):p174-186。
④ 陈卫、杜夏.中国高龄老人养老与生活状况的影响因素——对子女数量和性别作用的检验[J],《中国人口科学》,2002(6):p51-57。

子女因为工作和事业无暇顾及老年父母。所以，家庭养老模式在少子老龄化到来以后遭遇了无法摆脱的困境。

对于机构养老来说，虽然未来的发展趋势与前景令人看好，但是，也面临着诸多的问题。现有的大部分养老机构入住率都比较低，收费普遍较高，以老年人现有的养老金水平无法支付得起。另外，养老机构还存在质量参差不齐，护理人员流动性大且技能不足，设施不全、服务质量差、管理不规范等问题。更为重要的是，对于大部分老人来说，离开熟悉的环境入住养老机构养老并不是一个好的选择。因此，在无法完全依靠家庭而入住养老机构又不是一个好的选择时，居家养老就成为老年人的最优选择。

2. 居家养老潜力巨大

居家养老依靠其优势成为众多老年人的选择。中国老龄科研中心自2000年以来已经四次对全国范围内的老人进行调查，在2000年和2006年的调查中，选择居家养老的老年人比例超过八成。

与此同时，居家养老服务体系也在不断完善。2006年的数据显示，55.5%的社区有上门看病的服务，22.9%的社区有上门做家务的服务，20.5%的社区有上门护理服务，17.0%的社区有聊天解闷的服务[①]。如果分城乡来看，城市相关服务的供给情况会更好。

调查数据显示，老年人对于相关服务的需求比较旺盛，大部分服务的需求比例都在三成以上。分城乡看老人的需求，农村老人的需求显著高于城市老人。虽然老年人的服务需求比较旺盛，但是，实际上使用过居家养老服务的老年人比例比较低，即使是使用比例最高的上门看病，其比例也只有25.9%，其余服务的使用率均不足一成。

需要注意的是，各类调查中均发现对于养老服务的需要比例高于使用率。原因在于，虽然很多老人表示需要居家养老服务，但是，并不一定使用这些服务。对于一些老人来说，这个需要是未来的需要而不是现在的需

---

① 王莉莉.基于"服务链"理论的居家养老服务需求、供给与利用研究[J],《人口学刊》,2013(2): p49-59。

要，或者这个需要是没有支付能力的需要。所以，需要与使用总会有一定的差距。虽然最终使用相关养老服务的比例与需要的比例会有一定的差距，但是，居家养老服务在未来依旧具有广阔的前景。

（三）机构养老方兴未艾

虽然家庭养老在现阶段依然是主要的养老方式，但是，随着居住方式的变化，空巢老人和独居老人的数量逐渐增加。与此同时，女性的劳动参与率一直保持在较高的水平，加之少子老龄化的到来，一些老人年老以后面临无人照顾的困境。因此，住进养老机构就成为一些老人的选择。

1. 国家政策层面凸显机构养老的重要地位

2006年公布的《关于加快发展养老服务业意见的通知》提出要"逐步建立和完善以居家养老为基础、社区服务为依托、机构养老为补充的服务体系"。与之前提出的"家庭养老为基础，社区服务为依托，社会养老为补充"相比，明确了机构养老在未来养老中的重要作用。

在2006年公布的《关于加快发展养老服务业意见的通知》还提出了"地方各级人民政府和有关部门要采取积极措施，大力支持发展各类社会养老服务机构。引导和支持社会力量兴建适宜老年人集中居住、生活、学习、娱乐、健身的老年公寓、养老院、敬老院"。

2. 养老机构床位数量和入住老人数量不断增加

在全社会的共同努力下，近年来养老机构床位数量和入住养老机构的老年人数量不断增加。从2010年开始，民政部开始发布《社会服务发展统计报告》，从历年发布的报告来看，全国范围内养老服务机构床位数量从2010年的314.9万张增加到2014年的577.8万张，入住养老服务机构老年人数量从2010年的242.6万人增加到2014年的318.4万人。

然而，养老机构仍面临供不配求的困境。虽然养老机构床位数量在不断增加，入住养老机构的老人数量也在不断增加。但是，从2010—2014年的数据来看，养老服务机构的入住率从2010年的77.0%下降到2014年的55.1%。在局部地区，从新闻媒体的报道来看，一些养老机构一床难求，如北京市第一社会福利院目前排队的老人已达1万多人，每年只能入住几十位，即使按每年入住100人算，也要等上100年。同时，还有一些养老机构虽然已经运营了多年，但是，入住率一直比较低。《华西都市报》的报道显示，成都最早的民办养老院已创办21年，至今入住率不足50%。

一床难求与高空置率并存的局面说明，我国的养老机构存在着供不配求的现象，如何实现供求匹配值得社会各界反思。

从目前的情况来看，有些养老机构建造得很豪华，收费较高，一般老人住不进去。2012年《瞭望》新闻周刊报道，北京的一家养老机构原本可以容纳350位老人，但是，只住着5户老人。这家养老机构最初的收费分为三部分，分别是40万—120万元的押金、7980—29800元的月费及老人服务费。

还有些养老机构，选址离市区太远，附近又没有好的医院，老年人不愿意入住。2013年北京市的378家养老机构中，六环以外有216家，五环到六环之间有85家，也就是说五环以外有301家，占全部养老机构的79.6%。从全市养老机构床位数量的空间分布来看，五环以外的养老机构的床位数量高达65420张，占全市养老机构床位数量的83.4%。从北京市的三甲医院分布来看，大部分三甲医院均分布在四环以内。从养老机构本身配备的医保定点医疗机构来看，2013年全北京市具有医保定点资质的养老机构不足50家。

同时，还有一些养老机构虽然收费不高，但是，提供的服务太差，老年人也不会入住。因此，如何在收费、选址、服务、医疗资源等因素之间寻求平衡是未来养老机构供求匹配的关键。

3. 老年人入住养老机构意愿逐步下降，但是仍保持在10%以上的比例

全国老龄工作委员会办公室发布的2010年中国城乡老年人口状况追

踪调查结果显示,中国城乡老年人入住养老机构的意愿在逐渐下降,从2000年的15.4%下降到2010年的12.0%。从数据上看,老年人入住养老机构的意愿在下降,但如果考虑到老年人口的总量一直在增加,绝对数量上愿意入住养老机构的老年人口数量实际上在不断增加。

一个有意思的现象是,关于老年人入住养老机构的意愿,提问方式一旦变化,入住养老机构的意愿会发生较大的变化。2011年中国社会状况综合调查中曾经问到"在您年老时(指60岁以上),您最希望怎么住?"只有2.0%的老人选择机构养老。但是,当老人被询问"如果生活不能够自理,您最希望怎么住",回答愿意入住养老机构的比例迅速攀升到18.1%[1]。同样的现象也在其他调查中出现过。所以,虽然意愿能够在一定程度上反映行为,但是,意愿与行为之间还有一定的差距,有很多不确定的因素在影响着老年人最后的选择。

(作者简介:张航空,男,首都经济贸易大学人口所,副教授,研究领域:社会老年学、人口与发展,联系电话:15120008589,电邮地址:15120008589@163.com)

参考文献

[1] 邓伟志.《近代中国家庭的变革·序》。

[2] 王跃生.制度影响下的中国家庭迁变[J],《中国图书评论》,2008(7):p76-83。

[3] 徐怀林.陈氏家族的瓦解与"义门"的影响[J],《中国史研究》,1994(2):p157-165。

[4] 张国刚主编,郑全红著.《中国家庭史·民国时期》[M],广州:广东人民出版社,2007年。

[5] 王跃生.当代中国家庭结构变动分析[J],《中国社会科学》,2006(1):p96-108。

---

[1] 聂爱霞、曹峰、邵东珂.老年人口养老居住意愿影响因素研究——基于2011年中国社会状况调查数据分析[J],《中国行政管理》,2015(2):p103-108。

[6] 张国刚主编,邢铁著.《中国家庭史·宋辽金元时期》[M],广州:广东人民出版社,2007年。

[7] 周长洪.中国家庭结构变化的几个特征及其思考——基于"五普"和"六普"数据的比较[J],《南京人口管理干部学院学报》,2013(4):p3-8。

[8] 王跃生.中国城乡老年人居住的家庭类型研究——基于第六次人口普查数据的分析[J],《中国人口科学》,2014(1):p20-32。

[9] 邬沧萍.长寿时代的空巢家庭企盼亲情住宅[J],《住宅科技》,2004(2):p44-48。

[10] 郭志刚、陈功.老年人与子女之间的代际经济流量的分析[J],《人口研究》,1998(1):p35-39。

[11] Donald Cox and Emmanuel Jimenez. Social Security and Private Transfers in Developing Countries: The Case of Peru. The World Bank Economic Review, 1992, p155-169.

[12] Anette Reil-Held.Crowding out or Crowding in? Public and Private Transfers in Germany, European Journal of Population, 2006, p263-280.

[13] Jensen, Robert T.Do Private Transfers Displace the Benets of Public Transfers? Evidence from South Africa. Journal of Public Economics, 2003, p89-112.

[14] 唐灿、马春华、石金群.女儿赡养的伦理与公平——浙东农村家庭代际关系的性别考察[J],《社会学研究》,2009(6):p18-36。

[15] 徐勤.儿子与女儿对父母支持的比较研究[J],《人口研究》,1996(5):p23-31。

[16] Yu Xie.and HaiYan Zhu.2009. Do sons or daughters give more money to parents in urban China?Journal of Marriage and Family, 71(1):p174-186.

[17] 陈卫、杜夏.中国高龄老人养老与生活状况的影响因素——对子女数量和性别作用的检验[J],《中国人口科学》,2002(6):p51-57。

[18] 王莉莉.基于"服务链"理论的居家养老服务需求、供给与利用研究[J],《人口学刊》,2013(2):p49-59。

[19] 聂爱霞、曹峰、邵东珂.老年人口养老居住意愿影响因素研究——基于2011年中国社会状况调查数据分析[J],《中国行政管理》,2015(2):p103-108。

第二篇　养老方式转变与社会养老服务发展

第三章　老人的居家养老意愿

曲嘉瑶

一、引　言

中国进入老龄化社会的十几年来，老年人口的家庭规模不断缩小，家庭结构发生明显改变。与此同时，老年人口的家庭居住方式也发生了变化。与过去传统的大家庭多代共居的居住方式不同，越来越多的老年人离开子女，与配偶单独居住生活。[①]与子女分开居住逐渐成为我国老年人口居住方式的主流。[②]老年空巢家庭数量不仅在城市大幅提高，农村的空巢老人家庭比例也在持续上升。[③]家庭少子化和空巢化使得未来我国老年人的家庭照料资源严重不足，这一人口变动引起的家庭结构变迁对于我国居家养老为主的传统养老观念提出了严峻的挑战。[④]

老年人的居住意愿能够反映其养老观念，从而对养老方式的选择产生一定影响。只有了解当前老年人口的居住意愿现状，以及居住意愿对实际居住方式的影响，才能准确预测未来我国老年人养老方式的发展趋势。因此，研究居住意愿是分析未来我国老年人养老方式选择倾向的重要视角。

---

① 曲嘉瑶、孙陆军.中国老年人的居住安排与变化：2000~2006[J]，人口学刊,2011（2）。
② 李斌.分化与特色：中国老年人的居住安排——对692位老人的调查[J]，中国人口科学,2010（2）。
③ 张丽萍.老年人口居住安排与居住意愿研究[J]，人口学刊，2012（6）。
④ 张涵、吴炳义、郭继志.城乡差别下老年人口居住方式选择意愿研究，中国初级卫生保健,2015（5）。

在我国这种少子老龄化和居住方式巨变的背景下,老年人的居住意愿是怎样的,会选择机构养老还是居家养老?哪些老年人会选择居家养老?那些选择居家养老的老年人愿意自己或与老伴独立生活还是和子女一起居住?这种居家养老意愿未来的变化趋势是什么?面对日益增多的空巢老人家庭,老年人的居住意愿发挥着多大的作用?现有的居家养老服务能否满足居家养老老年人的需求?本文将围绕上述问题进行分析和回答。

二、居家养老和居家养老意愿

在我国,居家养老是老年人主要的养老方式。什么是居家养老?目前学术界还没有对居家养老的含义做出明确的、一致的解释,但大部分学者都赞同以下两个观点。首先,从居住方式和养老地点来看,居家养老是一种与机构养老相区别的养老方式,指老年人居住在家里安享晚年,而不是集中居住在养老机构中。[1][2][3][4] 其次,居家养老是一种社会服务和家庭养老相结合的现代化的养老方式。居家养老是建立在个人、家庭、社区和国家基础之上的,它是以居家养老为形式、以社区养老网络为基础,以国家制度、政策、法律为保证,将家庭养老和社会养老相结合的养老体系。[5] 除了由家庭成员为老年人提供养老支持外,还有社会养老服务体系为老年人提供各种居家养老服务。《社会养老服务体系建设规划(2011—2015年)》指出,居家养老服务涵盖生活照料、家政服务、康复护理、医疗保健、精神慰藉等,以上门服务为主要形式。总而言之,居家养老是指老年人在自己家中居住,却能享受社区为老年人提供的各类养老服务的一种社会化的养老方式。

---

[1] 项丽萍.居家养老及其服务的研究综述[J],科技风.2010(1)。
[2] 唐咏.居家养老的国内外研究回顾[J],社会工作,2007(2)。
[3] 罗拾平.对长沙市社区居家养老服务的实证研究[J],四川行政学院学报.2010(6)。
[4] 陈军.居家养老:城市养老模式的选择[J],社会,2001(9)。
[5] 穆光宗、姚远.探索中国特色的综合解决老龄问题的未来之路——"全国家庭养老与社会化养老服务研讨会"纪要[J],人口与经济,1999(2)。

居家养老老年人的居住方式通常从以下两个角度考察，一种是按照居住地点划分，分为院居（居住在养老院中）和家居（居住在家里）；另一种则按照家庭世代居住结构分为单身户、夫妇户、二代户、三代户等，或者为了分析方便，只考察老年人是否与后代，特别是与子女共同居住。①本文将同时采用以上两种方法来分析老年人的居住方式。如果老年人居住在家中，则从老年人是否与后代同住的角度来分析，分为两种情况。第一种情况是老年人自己或只与配偶一起生活，归为空巢居住。第二种情况是老年人与子女或孙子女等后代同住，则归为与子女同住。那么，老年人打算选择住在哪里来养老呢？这就涉及到老年人的居住意愿。居住意愿是指老年人对其未来居住方式的选择意愿。与居住方式相对应，老年人的居住意愿也分为两类：一是机构养老意愿，二是居家养老意愿。

笔者在居住意愿的基础上，提出了居家养老意愿这一概念。居家养老意愿指老年人想要在家居住，并由家庭成员和社会养老服务体系提供养老服务的一种居住意愿和养老意愿。需要说明的是，居家养老意愿是与机构养老意愿相对的一种居住意愿。按照是否与子女等家人同住，居家养老意愿可分为两种情况：一是与子女共同居住的意愿；二是老年人想要与子女分开而空巢居住的意愿。下面，将结合具体的调查数据对我国老年人的居家养老意愿进行分析。

三、我国老年人的居家养老意愿：特征与变化

为了了解我国老年人居家养老意愿的现状及变化趋势，本文选择使用中国老龄科学研究中心组织实施的三次全国性老年人调查数据，来对老年人的居家养老意愿与居住方式等内容进行科学、全面分析。这三次调查分别是：2010 年中国城乡老年人口状况追踪调查数据（简称 2010 年调查）、2006 年中国城乡老年人口状况追踪调查（简称 2006 年调查）和 2000 年中

---

① 韦璞.老年人居住方式及影响因素分析——以贵阳市为例[J]，人口与发展，2009（1）。

国城乡老年人口状况一次性抽样调查（简称 2000 年调查）。调查对象是中华人民共和国境内（不包括港、澳、台地区），居住在家庭户中的 60 周岁及以上的老年人。三次调查抽样设计严谨，问卷回收率高，其数据具有较高的科学性、可信性和代表性，可以推断我国大陆地区老年人的总体情况。

在调查问卷中，有两道问题可以反映老年人的居家养老意愿。第一道题目是："您愿意住养老机构吗？"通过本题可以分析出老年人是否愿意选择机构养老，如果答案为"否"，则表明老年人更倾向于选择居家养老。第二道题目是："您愿意与子女住在一起吗？"本题可以反映出老年人的养老观念是否传统，即是否愿意依靠子女来为自己养老。

（一）我国老年人的居家养老意愿占主流，机构养老意愿低

居家养老是我国老年人心目中首选的养老方式，居家养老意愿明显比机构养老意愿强烈。2010 年调查数据表明，我国只有 12% 的老人想在机构中养老，其余近 9 成的老年人还是希望居住在自己家中养老。城、乡老年人的养老意愿差异不大，选择机构养老的比例分别为 11.3% 和 12.5%。

结合 2000 年调查数据分析可知，我国老年人的居家养老意愿越来越强烈，选择居家养老的老年人比例呈上升趋势。同十年前相比，我国老年人入住机构的意愿下降了 3.4 个百分点。其中，城镇老年人愿意入住机构养老的比例下降幅度较大，达 7.3 个百分点，农村老人的这一比例降低了两个百分点。城乡大部分老年人都拥有产权属于自己或配偶的住房，普遍愿意继续居住在熟悉的家里养老。

那么，什么情况下老年人会离开自己的家而选择机构养老？以往研究发现，部分老年人出于身体状况不佳，以及不愿给子女增添负担等原因时会选择机构养老。[1][2] 当老年人年老体弱、生活不能自理时，有两

---

[1] 吴雨浓、蒋爱群，城镇养老模式及影响因素研究［J］，黑河学刊，2006（1）。
[2] 褚湜婧、孙鹃娟，影响城市老年人养老意愿诸因素分析［J］，南京人口管理干部学院学报，2010，26（2）。

成的老人会选择机构养老。[①]在生活可以自理时，老年人想继续住在家里养老，并且希望和子女分开住；而当生活不能自理时，城市老年人希望到养老机构中养老和想要与子女同住的比例都会提高。[②]本文也得到了类似的结论。

2010年调查显示，年龄较大、不能自理的老年人选择机构养老的比例较高，而年轻、身体比较健康的老年人更倾向于选择居家养老。随着年龄的增加，老年人愿意入住养老机构的比例逐渐降低，年龄越大，希望得到子女照料和支持的意愿就越强烈。低龄老年人观念更开放，对机构养老的接受程度更高。健康状况差的老年人选择机构养老的比例较高，失能老年人愿意住养老机构的比例为16.8%，比完全自理的老人高5.7个百分点。有子女的老人愿意居家养老，无儿无女的老人更倾向于机构养老，愿意入住养老机构的比例达到23.5%，比有子女老人高11.8个百分点。另外，经济状况好的老年人愿意在家养老，而那些比较贫困的老年人更愿意入住养老机构，评价自己经济状况困难的老人选择机构养老的比例最高，达到15.6%。可能的原因是老年人一旦发生失能，集中入住机构发生的照料费用要比居家照料、零散购买养老服务的价格更低，所以经济困难的老人更倾向于选择机构养老。

（二）老年人与子女同住的意愿下降

在居家养老意愿方面，超过一半的老年人想要离开子女单独居住。2010年，我国想与子女同住的老年人比例为47.0%。对比发现，十年来我国老年人与子女同住的意愿明显下降，养老观念越来越独立。愿意与子女同住的比例下降了11个百分点，从2000年的58.0%，下降到2006年的49.9%，2010年又降至47.0%。

对于居家养老的老年人而言，哪些老年人愿意单独居住，哪些老年人想要与子女一起生活？以往研究发现，城镇老人想与子女分开居住的比例

[①] 杨敏、钱英. 城市社区老年人养老方式选择及其影响因素研究［J］，护理研究，2012（1）。
[②] 张丽萍. 老年人口居住安排与居住意愿研究［J］，人口学刊，2012（6）。

要高于农村，农村老年人愿意与家人同住的比例更高。①本文也得到了相同的结论。2010年调查数据显示，我国城镇老年人更倾向于离开子女单独居住，只有38.8%的城镇老人愿意与子女同住，农村老年人与子女同住的意愿明显高于城市老人（15.0个百分点）。农村老年人受收入低、保障状况差、传统观念更强等原因的影响，更想要通过与子女一起居住来得到养老支持。

老年人的生活自理能力与其居家养老意愿存在着密切的联系，老年人的自理能力越差，越想要通过与子女同住来获得照料支持。失能老年人想要与子女同住的比例（达到56.5%）明显高于完全自理的老人（45.4%）。

老年人的经济状况对其居家养老意愿也有一定影响。有学者认为，对于城镇老年人来说，领取养老金的老人与家人合住的可能性更高。②③ 但也有学者认为，当生活不能自理时，生活费主要依靠子女的老人更愿意和子女居住。④ 2010年调查结果表明，老年人的经济状况越好，越愿意与子女同住。在经济自评宽裕的老年人中，超过半数愿意和子女同住，这一比例较经济困难的老人高5.1个百分点。

年龄大、无配偶和受教育年限低的老年人更希望与家人同住。这些结论与以往研究相同。⑤ 2010年调查数据显示，随着年龄的增加，老年人愿意与子女同住的比例也明显增加，从60—69岁组的44.8%增至80岁及以上组的57.9%。六成没有配偶的老年人愿意与子女同住，明显高于有配偶的老人（44.0%）。婚姻状况对老年人的居家养老意愿的影响很显著，有配偶的老人相比没有配偶的老人独立居住的可能性更高，配偶是老年人主要的陪伴者和照料者，有配偶的老年人更容易获得日常生活支持，所以更倾向于离开子女而空巢居住。另外，受教育水平越高，老年人与子女同住

---

① 李建新、郭牧琦.城乡老年人居住意愿影响因素分析，老龄科学研究，2014（9）。
② 沈可，养老保险的普及是否导致城镇独居老人的增加？［J］，南方经济，2010（6）。
③ 聂爱霞、曹峰、邵东珂.老年人口养老居住意愿影响因素研究——基于2011年中国社会状况调查数据分析［J］，中国行政管理，2015（2）。
④ 张丽萍.老年人口居住安排与居住意愿研究［J］，人口学刊，2012（6）。
⑤ 张涵、吴炳义、郭继志.城乡差别下老年人口居住方式选择意愿研究，中国初级卫生保健，2015（5）。

的意愿越低，没上过学的老人有超过一半想与子女同住，但该比例在高中及以上文化程度的老人中只有不到四成。反映出受教育程度高的老人的居住意愿和养老观念更加现代，更渴望独立的居住空间。

（三）老年人的居家养老意愿越来越独立

根据以上分析可以看出，我国老年人与子女同住的意愿明显比入住机构的意愿强烈，说明老年人从内心里还是倾向于选择居家养老，而不是机构养老。这个结果与以往的研究结论基本一致。通过与家人共同居住，老年人不但可以获得照料、经济等支持，更重要的是能够获得精神慰藉，配偶、子女和其他家人能够给予老年人在机构中享受不到的亲情和温暖。

从具体的居家养老形式来看，与子女同住的意愿在逐年降低。在发达国家中，与子女分开居住的方式符合大多数老年人独立生活的愿望，而在一些发展中国家中，也有越来越多的老年人选择与子女分开居住。有研究认为，两代人的分开居住是不可避免的趋势，反映了代际之间的利益和情感分离的变化趋势。[1]日本、韩国、中国台湾等地的调查发现，老年人赞成与后代同住的比例逐年下降。[2]在我国，老年人不愿与子女共同生活的比例不断增加。[3]许多老年人由于观念上不再支持传统同住的养老方式而主动选择与子女分开居住。[4]一方面，随着社会竞争的加剧，老年人担心同住会给子女增加负担；[5]另一方面，分开居住有利于避免两代人因生活方式差异而产生的矛盾。[6]可以说，与子女分开居住是子女和父母自愿选择的结果。[7]

---

[1] 姜向群.养老转变论：建立以个人为责任主体的政府帮助的社会化养老方式[J],人口研究,2007(3).
[2] United Nations Department of Economic and Social Affairs/Population Division. Living Arrangements of Older Persons Around the World [M]. New York: United Nations Publications，2005: p8-9.
[3] 杜鹏、武超.中国老年人居住方式变化的队列分析[J]，人口研究，1998（4）。
[4] 林明鲜、金益基、刘永策.中韩两国老人选择居住方式的比较研究[J]，西北师大学报（社会科学版），2009（6）。
[5] United Nations Department of Economic and Social Affairs/Population Division. Living Arrangements of Older Persons Around the World [M]. New York: United Nations Publications，2005: p8-9.
[6] 杜鹏.北京市老年人居住方式的变化[J]，中国人口科学，1998（2）。
[7] 理查德·A·波斯纳著、周云译，衰老与老龄[M]，中国政法大学出版社，2002: p173-176.

四、居住意愿对居住方式的影响

(一) 空巢老人显著增多

与配偶单独居住已经成为我国老年人最主要的居住方式,2010年这一比例占老年人的39.6%;其次是传统的三代同住,占26.4%;接下来居住方式从高到低依次是:与子女同住(14.8%)、独居(9.7%)、隔代同住(6.7%)以及与其他人同住(2.8%)。老年夫妇户比例较高的情形体现出两代人观念的变化,不管老辈还是小辈,都愿意有自己独立的空间。与此同时,老年人居住在三代家庭的比例也较高,这是与中国传统的养老文化相吻合的。

从2000年到2010年,我国老年人空巢的比例呈现出明显的上升趋势。其中,与配偶同住的比例上升幅度较大,达8.8个百分点,独居的比例上升了1.6个百分点,同时,三代同住和两代同住的比例呈现出明显的下降趋势,十年间共下降了15个百分点。

通过以上分析不难看出,在近十年的时间里,我国老年人的居住方式整体格局发生了显著的变化。从2006年开始,只与配偶同住已经超越与三代同住成为我国老年人最主要的居住方式,2010年这一比例达到39.6%,其中城镇更高,达45.4%,农村35.0%。与2000相比,老年人与配偶同住的比例快速上升,导致了空巢居住的比例明显增加,城镇空巢老人上升的幅度最大,由2000年的42.1%上升到2010年的54.0%,农村空巢老人由37.9%升至45.6%。农村老年人的居住方式比较传统,三代同住的比例较城镇老人高5.3个百分点。这与农村老年人经济水平和保障水平较低密切相关。学界普遍认为有较高收入和较多净财富的老年人更可能独立居住,[1]而以子女或其他亲属的经济帮助为主要经济来源的老年人往往

---

[1] 李斌.分化与特色:中国老年人的居住安排——对692位老人的调查[J],中国人口科学,2010(2)。

会与子女共同居住在一起。①

有研究者将传统的居住模式特征总结为"终身互惠式"(Lifetime Reciprocity),老年父母与子女共同居住,通常是由子女照料老年人,以回报父母对自己的养育之恩。随着我国由农业社会转变为工业社会,年轻人的工作方式也从农业生产或其他与家庭成员共同经营的生意,转变为离家从事有工资性收入的工作。年轻人对于大家庭,或者说老年父母的依赖(主要是经济上的依赖)越来越少,建立自己的小家庭后,通常选择与老年父母分开居住。可见,老年人与子女分开居住是社会发展的必然产物。

(二)独立的居住意愿是导致空巢居住的主因

综上所述,不论是主观的居住意愿,还是实际的居住方式,都一致地表现出老年人与子女分开居住和生活的倾向。那么,居住意愿与空巢居住之间是否存在着关联?2010年数据显示,我国老年人的居住意愿与居住方式之间存在着显著的相关关系。②在城镇,主观上不愿意与子女同住的老年人,实际选择空巢居住的比例达到73.0%,而愿意与子女同住的城镇老人有68.8%在现实生活中与后代共同居住。农村老年人的情况也是如此,不愿意与子女同住的老年人,实际空巢居住的比例为70.9%,而愿意与子女同住的农村老人有71.3%在现实生活中与后代共同居住。

这说明,不论城乡,我国老年人的居住方式很大程度上受到了居住意愿的影响,那些主观上不愿意与子女同住的老年人多数选择了空巢居住。可见,老年人的居住意愿是导致实际居住方式变化的主因。受老年人日渐独立的养老观念的影响,越来越多的老年人主动选择空巢,未来我国空巢老年人的规模还将继续增加。整体上看,我国当前空巢老年人家庭正处于由不自觉、被动接受向主动、自觉选择的过渡时期。针对"主动空巢"日益增多的形势,有必要建构一种以社区为依托提供社会化养老服务的居家

---

① 杜鹏、武超.中国老年人居住方式变化的队列分析[J],人口研究,1998(4)。
② 下文相关分析的卡方检验如无特别说明,p值均为0.000,在统计意义上非常显著。

养老模式，①来弥补家庭照料的不足，为独立居住的居家老年人提供养老服务支持。

五、我国的居家养老服务的现状与问题

（一）老年人对居家养老服务的需求比较强烈

随着老年人居住方式的空巢化和居家养老意愿的独立化，老年人对于各类居家养老服务产生了比较强烈的需求。从具体的服务项目来看，2010年数据显示，老年人对上门看病的需求最旺盛，超过半数（54.9%）的老年人需要上门看病服务；其次是上门做家务，达到41.7%；另外，回答需要法律援助、上门护理、康复治疗和聊天解闷等服务的老年人比例也都超过了三成。

（二）居家养老服务供给相对不足，供需不平衡问题突出

面对老年人的服务需求，我国目前的居家养老服务供给情况如何？二者之间能否匹配？为了直观地反映出老年人在服务需求和服务供给之间的落差，笔者用老年人的服务需求比例减去服务的供给比例，得到需求与供给之间的差值，该值越大表明居家养老服务的供需缺口越大。②2010年数据表明，从服务需求与服务供给之间的落差来看，被调查的老年人在居家养老服务的需求和服务供给之间落差明显，许多服务项目都存在着供不应求的问题。

除上门看病、法律援助服务的供需基本平衡外，其他各类居家养老服务项目的供给缺口还是比较大的，尤其是康复护理类的服务和精神慰藉类的服务。康复治疗服务、上门护理服务的需求大于供给的现象非常严重，

---

① 林娜、卢净."主动空巢"与社会化养老服务模式探究[J]，中共福建省委党校学报，2011（12）。
② 王莉莉.基于"服务链"理论的居家养老服务需求、供给与利用研究[J]，《人口学刊》，2013（2）：p49-59。

缺口分别为17.8个百分点和15个百分点。聊天解闷服务的需求比例高于供给比例的缺口也高达17.2个百分点。可见，目前我国的居家养老服务还不足以满足老年人的需求，我国的居家养老服务建设任重而道远。

六、结论与讨论

受文化传统和现实国情的影响，我国老年人的居家养老意愿占主流，绝大多数老年人想在自己家中养老，只有一成老人愿意入住养老机构。近十年来，我国愿意居家养老的老年人比例呈上升趋势。从具体的居住意愿来看，我国近一半的老年人想与子女一起居住和生活，但是这一比例如今呈下降趋势。另外我们还发现，老年人主观的居住意愿对实际居住方式发挥着最重要的影响，不愿意与子女同住的老年人选择空巢居住的概率明显更高。可见，居住意愿是养老方式的晴雨表，能够反映出我国老年人未来居住方式的发展趋势以及养老方式的选择倾向。

近十年来，伴随着家庭居住方式的巨变，老年人的居家养老意愿也发生了变动。不愿与子女一起生活的老年人逐年增多，老年人居住和养老的独立意识正在不断增强。究其原因，笔者认为，这是老年人子女数减少、受教育水平提高，以及社会整体经济水平提高、住房市场化、人口流动等因素共同作用的结果。随着年轻一代的迁移流动增加，房屋小型化等因素的影响，今后计划生育家庭的父母进入老年期后，很难与为数不多的子女共同居住。我国老年人居住意愿和居住方式的变化提示我们，以同住为前提的养老模式已经发生改变，未来我国将会有越来越多的空巢老年人在家中度过自己的晚年。这一方面，将会给传统的家庭照料资源带来严峻的挑战，另一方面也对我国的居家养老服务提出了更高的要求。但是，目前的居家养老服务还不能满足老年人的需求。如何从老年人的实际需求出发，将家庭内部照料资源与社区养老服务结合起来，把符合老年人需求的养老服务有效地输送给居家老年人，是现阶段急需解决的问题。

首先，应从政策高度帮助家庭照料者，提高家庭的养老功能。近年来，由于家庭的养老功能日益弱化,不但老年人的生活质量受到严重影响,在照顾父母过程中,子女的工作和生活也会受到影响。应正视家庭照料的困境,从政策制定和制度安排的高度来帮助家庭照料者,解决家庭成员在照料老年人的过程中遇到的各种现实困难,确保家庭照料的可持续性。为此,可借鉴国外的经验,一是出台"喘息服务"政策,减轻家庭照料者的压力。英国政府设立短期照护服务。当家庭照护者有事外出时,可把老人送到暂托处,让工作人员免费代为照护两周。二是为在职的家庭照料者设立"照护假期"。德国的长期护理保险规定,对于有护理需要的被保险人,为其提供护理的亲人最多有权享受高达6个月的护理假期。在这个护理假期内被保险人的亲人无须工作,雇主也无须为其支付工资。另外,可设立"照护津贴"制度,为家庭照护者提供现金支持等。

其次,鼓励子女与老年人就近居住或一起居住。再专业的护理也替代不了亲情,当老年人年老体弱时,还是需要与子女同住或就近居住来获得养老支持。因此,国家应通过出台住房优惠政策、舆论宣传等措施,鼓励子女与老年父母同住或就近居住,笔者认为可借鉴新加坡的住房政策。新加坡政府非常注重家庭成员对老年人的养老支持作用,特别鼓励子女与父母共同居住。对于已婚子女与父母共同居住者,申请政府住房时有优先权和优惠贷款,购买商品房时给予一次性住房补贴。另外,新加坡政府还提供能满足不同生活阶段需要、或可供一家几代人共同生活需要的住房,使老人和子女都有各自有相对独立的生活空间,通过客厅和厨房等共享活动空间得以连接起来,实现了"分而不离"的代际居住模式。

最后,以需求为导向,加快居家养老服务的发展。居家养老服务符合我国的文化传统,也符合我国社会经济发展水平和目前的社会养老保障水平,能够适应变化中的社会与老年人的需求。[①]对于日益增多的空巢老年人家庭,只有依托社区,加快普及居家养老服务的步伐,为老年人提供多种形式的社会化养老服务,才能切实应对空巢老人比例不断提高给国家照

[①] 周元鹏、张抚秀.上海市社区居家养老服务发展的背景、需求趋势及其思考,《人口与发展》,2012(2):p90。

料体系带来的挑战。我国目前的居家养老服务供给与老年人的需求之间还有一定的差距。为此，应该从老年人的实际需求出发去提供和完善相应的服务。不论政府、市场还是社会组织，在提供居家养老服务时，必须坚持"以需求为导向"的服务供给理念，这才是从根本上满足老年人居家养老的服务需求，提高居家养老老年人生活质量的途径。[①]

（作者简介：曲嘉瑶，女，中国老龄科学研究中心助理研究员，中国人民大学老年学研究所博士研究生，研究领域：老年家庭、老年宜居环境。电话：010-58122253，电子邮件：crcaqjy@126.com。）

参考文献

［1］曲嘉瑶，孙陆军.中国老年人的居住安排与变化：2000～2006［J］，人口学刊，2011（2）。

［2］李斌.分化与特色：中国老年人的居住安排——对692位老人的调查［J］,中国人口科学，2010（2）。

［3］张丽萍.老年人口居住安排与居住意愿研究［J］，人口学刊，2012（6）。

［4］张涵，吴炳义，郭继志.城乡差别下老年人口居住方式选择意愿研究.中国初级卫生保健 2015（5）。

［5］项丽萍.居家养老及其服务的研究综述［J］，科技风，2010（1）。

［6］唐咏.居家养老的国内外研究回顾［J］，社会工作，2007（2）。

［7］罗拾平.对长沙市社区居家养老服务的实证研究［J］，四川行政学院学报，2010（6）。

［8］陈军.居家养老：城市养老模式的选择［J］，社会，2001（9）。

［9］穆光宗，姚远.探索中国特色的综合解决老龄问题的未来之路——"全国家庭养老与社会化养老服务研讨会"纪要［J］，人口与经济，1999（2）。

［10］韦璞.老年人居住方式及影响因素分析——以贵阳市为例［J］，人口与发展，2009（1）。

［11］吴雨浓，蒋爱群.城镇养老模式及影响因素研究［J］，黑河学刊，2006（1）。

---

① 王莉莉.基于"服务链"理论的居家养老服务需求、供给与利用研究［J］，2013（2）。

[12] 褚湜婧，孙鹃娟.影响城市老年人养老意愿诸因素分析［J］，南京人口管理干部学院学报，2010，26（2）。

[13] 杨敏，钱英.城市社区老年人养老方式选择及其影响因素研究［J］，护理研究，2012（1）。

[14] 李建新，郭牧琦.城乡老年人居住意愿影响因素分析.老龄科学研究，2014（9）。

[15] 沈可.养老保险的普及是否导致城镇独居老人的增加？［J］，南方经济，2010（6）。

[16] 聂爱霞，曹峰，邵东珂.老年人口养老居住意愿影响因素研究——基于2011年中国社会状况调查数据分析［J］，中国行政管理，2015（2）。

[17] 姜向群.养老转变论：建立以个人为责任主体的政府帮助的社会化养老方式［J］，人口研究，2007（3）。

[18] United Nations Department of Economic and Social Affairs/Population Division. Living Arrangements of Older Persons Around the World［M］. New York: United Nations Publications，2005: p8-9.

[19] 杜鹏，武超.中国老年人居住方式变化的队列分析［J］，人口研究，1998（4）。

[20] 林明鲜，金益基，刘永策.中韩两国老人选择居住方式的比较研究［J］，西北师大学报（社会科学版），2009（6）。

[21] 杜鹏.北京市老年人居住方式的变化［J］，中国人口科学，1998（2）。

[22] 理查德·A·波斯纳著，周云译.衰老与老龄［M］，中国政法大学出版社，2002:173-176。

[23] 林娜，卢净."主动空巢"与社会化养老服务模式探究［J］，中共福建省委党校学报，2011（12）。

[24] 王莉莉.基于"服务链"理论的居家养老服务需求、供给与利用研究［J］，2013（2）。

[25] 周元鹏，张抚秀.上海市社区居家养老服务发展的背景、需求趋势及其思考，人口与发展，2012（2）。

第四章 城市社区养老服务发展现状及问题分析

张文娟

一、研究背景

中国目前已经进入人口老龄化的快速发展时期,国家统计局发布的《2014年国民经济和社会发展统计公报》显示,2014年年末我国60周岁及以上人口数为21242万人,占总人口比重为15.5%;65周岁及以上人口数为13755万人,占比10.1%,首次突破10%。数据显示,与世界上的绝大多数国家相比,中国的人口老龄化发展速度快、老年人口规模庞大。中国的人口老龄化发展进程超前于中国的社会经济发展速度,"未富先老"、"未备先老"成为中国人口老龄化社会的显著特征。中国在经历人口老龄化的同时,家庭也呈现少子化趋势,家庭的养老功能进一步减弱。1980年代以来实行的计划生育政策,使得越来越多的城市老年人家庭的子女数量出现急剧下降,兼之竞争日益激烈的职场环境,使得越来越多的城市家庭在老年人照料方面,陷入"力不从心"的窘境。如何在家庭养老资源不足的情况下,寻求适当的社会服务资源进行有效替代,以满足越来越多的老年人的养老服务需求,使他们安度晚年,不仅成为社会各界日益关注的现实问题,同时也是政府决策者关注的重要民生问题。

家庭养老功能的弱化是伴随社会现代化进程出现的一个必然现象，社会化养老方式，即通过引入社会资源来满足老年人的养老需求，是解决这一问题的有效对策。中国政府提出了建设"9073"工程，力争到 2020 年，90% 的老人能够在社会化服务协助下通过家庭照顾养老，7% 的老年人可通过政府购买社区照顾服务养老，其余 3% 的老年人则入住养老服务机构集中养老。可见，通过引入社会化养老服务来满足老年人的日常养老服务需求，是中国解决老年人养老问题的重要思路，而其中居家和社区养老又占据着绝对的主导地位。在过去十多年间，各地围绕"9073"养老服务模式，积极探索和建设以居家养老为基础、社区为依托、机构为补充，多元化投资、多层次发展、专业化服务的社会化养老格局。

在"9073"社会养老服务体系建设的初期阶段，无论是从客观条件还是从主观环境来看，城市地区都会是由传统向现代模式转型发展的重点区域。与农村地区相比，传统的家庭养老模式在城市家庭表现出更加强烈的难以为继的趋势，城市老年人群无论是对家庭以外的社会养老服务资源还是非传统的养老模式，都表现出更高的接受程度和旺盛的实际需求。从产业经济条件来看，城市地区相对较为发达的服务产业、丰富的医疗卫生资源、多元化的社会服务组织和机构等客观因素，为社会养老服务体系的培育和发展提供了有利的条件。在诸多利好因素的推动下，城市地区的社会养老服务体系建设快速发展，为满足老年人多元化的养老服务需求发挥了重要作用。但是，在这一过程中也出现了诸多问题。在社会化养老服务体系建设过程中，政府和社会将更多的目光和资金投向了养老机构的建设，从而使居家和社区养老人群的社会化养老服务业，在很长一段时间内面临冷遇，发展相对滞后。2010 年以来，各地陆续实施居家养老（助残）服务券制度，使得这一局面有所改善。但是，对于社会化养老服务体系建设效果的评价，目前更多地借助于对投资规模和养老服务设施设备的建设数量等指标，而居家和社区养老服务体系在满足老年人社会化养老服务需求方面所发挥的实际效果如何，还有待考察。为了对目前中国居家和社区养老服务体系所发挥的作用进行更加贴合实际的评估,本文将从社会化养老服务利用的角度出发对其进行深入分析。

二、社区养老服务的制度设计

在中国的社会养老服务体系的建设目标中,居家养老、社区养老和机构养老三种方式扮演着不同的角色。其中居家养老和社区养老方式得以实现的关键,是由家庭之外的社区或者其他社会组织和个人提供养老服务,作为家庭养老资源的补充,使得老年人尽可能独立地在熟悉的家庭或者社区环境中生活。由此可见,为选择居家和社区养老的老年人提供社会化的养老服务,是社会化养老体系建设中最重要的环节,也是解决绝大部分老年人养老问题的关键。从目前的社会养老体系发展过程来看,居家和社区养老之间的界限并不清晰,两种养老方式很难划分,而针对上述两类人群的养老服务均归属于广义上的社区养老服务范畴。

依照目前的社会养老服务体系的制度设计,社会化养老服务体系的三个组成部分可以进行如下划分(见表1):居家养老服务,即以家庭为老年人获得养老服务的主要场所,通过为老年人提供上门服务(如上门护理、送餐、家政服务等)或由活动能力较好的老年人或者其他家庭成员,在家庭之外的其他公共场所就近获得特定的服务支持或者帮助(如老年餐桌、协助购物、协助出行等),以满足居家生活的老年人的养老服务需求。社区养老服务,是在老年人生活的社区中设立养老服务场所(如社区老年活动中心、托老所、日间照料室、喘息式照料中心等),在这些场所内为老年人提供综合性的照料服务,以缓解老年人家庭的照料负担,解决照料人手不足或时间不充裕等问题。机构养老服务,是以养老机构为依托,为入住机构的老年人提供综合性的养老服务。从居家和社区养老服务来看,上述两种服务均侧重老年人居住的社区在提供养老服务时的作用,如社区相关社会服务资源提供的日常生活起居服务、医疗和护理服务、日托服务、甚至是短期的全托服务等。鉴于目前很多养老服务依托社区的机构和场所来进行，因此很难明确区分两种养老服务方式；而机构化养老服务是老年人长期居住在养老机构中，由机构负责其一切饮食起居照料的服务方式。

表1 社会化养老服务体系的构成

构成内容及比例	服务场所	服务人员	服务内容	服务对象
居家养老（90%）	以家庭为主	家庭为主、社区及其他组织机构人员为辅	专项服务，包括家政服务、起居照料、送餐、专业护理等上门服务；以及老年餐桌、协助出行、购物、就医等社会参与性服务等	以生活自理（ADL）、但行为能力（IADL）受损的老年人为主
社区养老（7%）	主要以社区托老所、日间照料室、喘息式照料中心等养老机构/场所为主	家庭为辅，社区及其他组织机构人员为主	提供日间或者短期的24小时综合照料及康复护理服务	以生活自理能力（ADL）受损的老年人为主，包含其他需要日间照料和陪伴的老年人
机构养老（3%）	养老机构	养老机构人员	长期的综合照料及康复护理	以生活不能自理的老年人为主

注：生活自理指生活自理能力ADL（Activities of Daily Living），包括吃饭、穿衣、如厕、室内走动、上下床等完好的老年人；行为能力IADL（Instrumental Activities of Daily Living）受损，指扫地、日常购物、做饭、洗衣、提起10公斤重物、管理个人财务、步行3—4里、上下楼梯、使用电话及乘坐公交车等活动中，至少一项无法完成。

在"9073"的社会养老服务体系规划中，居家、社区和机构养老服务的人群存在一定差异（见表1）。生活能够自理（ADL）、行为能力受损（IADL）的老年人是居家养老服务的主要人群，他们因为身体状况下降而无法完成的家务、起居活动可以通过社区其他养老服务的支持来完成，从而维持其独立生活的状态。对于一些生活自理能力部分受损、家中照料人手短缺、孤独寂寞、希望有人陪伴的老年人，可以选择到社区养老服务场所养老。而对于那些因生活自理能力受损而失去独立生活自理能力的老年人，如果无法获得满意的家庭和社区照料，他们就会成为机构养老的重点服务人群。在这一制度设计之下，我们可以发现，绝大多数老年人的身体健康状况适合居家或社区养老，而机构养老的服务目标人群仅占老年人中很少一部分。以2010年《中国城乡老年人生活状况调查》数据推算，中国城市老年人中超过12%的老年人生活基本自理能力（ADL）完好，但行为能力（IADL）受损，需要接受家政服务以及外出、购物、就医等相关的社会性活动方面的帮助，类似养老服务需求可以通过提前预约，有计划地在家庭或社区寻求支持并满足。此外，约有5.6%的城市老年人生活无法自理，这部分老年人需要照料者长时间的陪伴并提供起居照料服务，通常由专人在家庭、社区照料机构或其他养老机构提供服务，而机构养老是在家庭和社区养老服务无法满足老年人照料需求时的最终解决方案。

结合目前老年人群的健康状况，基于满足老年人因为身体原因而衍生的基本养老服务需求的目标，"9073"社会养老服务体系的规划设计是合理的，足以适应老年人的社会养老服务需求。但是，目前各个养老服务体系的实际服务人群和服务内容，与制度设计之间存在错位，从而导致众多存在切实需要养老服务的老年人的需求无法得到满足。

三、居家和社区养老服务开展的现状分析

社会养老服务体系以满足老年人的养老服务需求为目标，提供生活照料、医疗护理、精神慰藉和社会参与等服务，实现养老服务的均等化。随着社会养老服务体系建设的不断推进，居家和社区养老服务的内容、规模和质量都得到逐步提升，惠及更多老年人家庭。各级政府组织在社会养老服务的提供方面发挥了主导作用，成为养老服务的主要提供者，由市场提

供的养老服务也逐步增多。

（一）社会养老服务内容分析

随着社会养老服务体系建设的深入发展，居家和社区养老服务日趋多样化。研究者在对多个城市进行的社区养老服务项目调研资料进行综合分析后发现，目前的居家和社区养老服务依据服务方式和服务对象大致可以分为以下三类：

居家老年人在社区获得的社会服务。诸如：到指定商家接受老年餐桌、理发、洗衣、助浴等服务，到社区卫生站接受医疗卫生服务、康复护理、定期体检以及健康咨询服务，到老年活动室参加聚会聊天解闷、读书看报，参加社区组织的文体娱乐活动以及接受精神慰藉室提供的心理咨询等精神关爱服务。

对居家老年人提供的上门服务。对于居家生活的老年人，在部分社区由指定的服务机构或者人员提供上门服务，如通过社区卫生服务中心以家庭病床或者上门看病的方式为失能和患病的老年人提供医疗和护理服务，通过家政服务公司或者雇用的家政服务人员为特定的老年人群提供综合性的日常照料，或者通过老年人服务热线获得电话咨询和电话预约上门服务。此外，北京市的各个城区普遍建立了养老巡视员制度，通过定期巡视、入户访问的方式为老年人提供安全确认、聊天解闷服务，甚至在紧急情况下提供协助出行、购物以及就医取药等帮助。

在社区养老机构提供的照料服务。对于一些活动能力受损的老年人可以到托老所接受短期的健康护理或日常照料，或者到日间照料中心接受社区服务人员提供的日间照料、或就餐服务等。

从以上居家和社区养老服务包含的具体内容来看，该服务体系涉及到了日常生活的各个方面，既考虑到了老年人的基本生理需求，也兼顾到了他们在健康安全、情感关爱以及自我实现等更高层面上的需要。在资源相对紧缺、服务体系尚不完善的阶段，如何满足老年人对生理和健康安全的需求是社会养老服务体系建设的首要任务，也成为建设基本养老服务体系的关键目标。

（二）社会养老服务利用效果分析

从居家和社区养老服务的内容分析可以看出，目前为城市老年人提供的居家和社区养老服务涉及了老年人的生存、健康、安全以及精神慰藉等多方面的需求。而政府在满足不同层次的养老服务需求方面是存在先后次序的。诸如空巢、独居、高龄、失能老年人群作为家庭照料资源相对匮乏，对社会照料需求更为迫切的人群，他们的生存和安全需求应该优先得到满足。为了准确评估各项社会化养老服务在满足老年人养老服务需求方面所发挥的作用，研究者就目前社区内为老年人提供的主要养老服务的使用情况进行了调研。通过对北京市西城区的调查发现：

1. 在社区获得的养老服务

从目前城市社区开展的社会养老服务现状看，针对居家老年人群的服务，主要是通过老年人走出家庭在社区相关组织机构或公共场所获得服务支持和精神关怀实现。当前的养老社会服务主要包括陪同老人看病、康复理疗、老年餐桌服务、聊天解闷等，可以为老年人提供服务的固定场所主要有老年活动室、老年大学、图书室等。2013年在北京市城区进行的一项老年人的抽样调查显示（见表2），老年人对目前现有的四类主要社区养老服务的需求率均超过18%，其中对老年餐桌的需求率最高，达到35.1%，其次为康复理疗。尽管老年人对上述各项养老服务均存在不同程度的需求，但他们对各类服务的知晓率并不高，服务的使用率也都保持在10%以下的极低水平。在各类养老服务中，老年餐桌服务在社区的覆盖率最高，超过39%，该项服务在老年人群中的知晓率和使用率也最高，分别达到78%和7.8%；而社区康复理疗服务的知晓率最低，仅为33.6%；陪同看病服务的覆盖率和使用率均为最低，分别为14.1%和1.8%。

表 2 社区养老服务和活动场所的覆盖率、知晓率、使用率和需求状况（%）

类型	覆盖率和知晓率			使用率			需求率
	有	没有	不知道	未使用	偶尔使用	经常使用	需要
陪同看病	14.1	53.1	32.5	98.2	1.3	0.5	18.15
康复理疗	16.2	50.2	33.6	98.0	1.4	0.6	20.3
聊天解闷	18.7	52.0	29.2	95.5	2.8	1.7	18.85
老年餐桌服务	39.1	39.1	21.8	93.2	4.5	2.3	35.1
老年大学/学校	22.8	47.2	30.0	94.5	3.1	2.4	34.0
老年活动室	56.0	21.7	22.3	73.0	15.4	11.6	—
图书室	45.2	29.6	25.1	82.7	11.7	5.7	—

注：覆盖率指老年人中回答"有"的老年人所占的比率，知晓率指老年人中回答"不知道"的老人所占的比率，使用率指老年人中偶尔或者经常使用者所占的比率。

调查的统计结果表明，虽然老年人对各项社区养老服务均存在一定需求，但与目前的养老服务覆盖率相比较，除老年餐桌服务以外，其余各项服务的需求率均超过覆盖率，说明目前的养老服务从数量上尚无法满足老年人的需要。尽管各项养老服务的覆盖率均已超过10%，但从目前服务的使用情况来看，经常使用各项养老服务的老年人比例极低，对绝大多数老年人而言，居家养老服务并未走进他们的生活。

与社区各项养老服务相比，社区老年活动场所的覆盖率、知晓率和利用率相对较高；尤其是老年活动室的覆盖率、知晓率和使用率远远高于其他各项社区服务和活动场所。与服务项目相比，老年活动场所的建设时间较早，对服务人员的数量和专业化的要求也相对较低，便于控制和监督，因此，老年活动场所覆盖率和使用率相对较高。但是这些活动场所同样也存在覆盖率和使用率相差较大问题，其原因一是受场地限制，另外也存在服务人员不足，活动内容与老年人需求错位，服务方式和质量需要进一步改善等问题。

2. 为居家老年人提供的上门服务

社区为老年人提供的养老服务主要是在家庭以外的社区机构、场所进行，因此，对获取服务的老年人的身体健康状况有一定的要求。鉴于活动能力较差的老年人以及失能老年人在获取社会养老服务方面受到限制，为满足这部分老年人的需求，社区需要为他们提供必要的上门服务。表3中列出了城市社区目前为居家老年人提供的四种主要上门服务，并以北京市西城区为例，比较了四种服务的实际需求和利用情况。可以发现，上门护理和上门看病的覆盖率和知晓率均比较高，这主要得益于西城区在每个社区均设有卫生服务站，医疗卫生服务水平相对较高。由此可以推断，在医疗资源匮乏的其他城市地区，这一指标的覆盖率和知晓率应远低于这一水平。尽管如此，这两种服务在西城区的使用率均未超过5%；而2010年的《中国城乡老年人生活状况调查》数据则显示，老年人家庭病床的使用率仅为1.22%。在各项服务项目中，帮助日常购物服务的覆盖率和使用率最低，究其原因应是这项服务目前主要以应急的形式由社区工作人员提供，尚未成为常态化服务；老年服务热线作为社会养老服务的一个重要组成部分，其对距离的限制较小，与其他服务相比使用率相对较高，但通过服务热线能够获得何种服务，服务质量如何，还有待进一步考证。

表3 居家老年人对上门服务的覆盖率、知晓率、使用率和需求状况（%）

服务类型	覆盖率和知晓率			使用率			需求率
	有	没有	不知道	未使用	偶尔使用	经常使用	需要
上门护理	26.2	44.6	29.2	96.8	2.2	1.0	23.6
上门看病	27.1	46.6	26.3	96.6	2.7	0.8	25.8
老年人服务热线	24.2	43.0	32.9	95.7	3.6	0.7	25
帮助日常购物	13.7	54.1	32.2	98.5	1.1	0.4	15.2

就餐服务是居家老年人养老服务需求的重要组成部分，但是很多老年

人并未将该项内容列入目前的主要上门服务之中，其原因在于目前很多社区的老年餐桌服务主要是定点就餐，或固定地点取餐，而送餐上门服务仅服务于零星的若干特殊老年人群。北京市的调查结果显示，需要老年餐桌服务的老年人群中，大约40%的老年人倾向于接受入户送餐，但目前由于服务标准、行业规范以及人工成本限制等问题，尚未找到合适的服务商提供该项服务。

日常照料是失能老年人最需要的入户服务之一，然而同样由于缺乏相应的服务规范，以及受专业照料人员匮乏的限制，社区无法为居家老年人提供常态化的照料服务，只能根据老年人的健康和家庭状况采取雇佣保姆或小时工等完全私人化的行为。对很多老年人的居家养老助残服务券的消费情况访谈结果显示，老年人将消费券用以购买家政公司服务的比重很小，甚至有部分老年人直接将其称为"超市购物券"，可见他们对家政服务的消费意愿很低，很多老年人对于居家养老助残服务券的实际用途并不十分清楚。

3. 在社区照料服务机构

社区的托老所和日间照料室是实现社区养老服务的重要途径，城市社会养老服务体系规划将每个社区建设老年活动室或者托老所作为重要建设目标。与其他服务项目相比较，托老所和日间照料室的覆盖率相对高于康复理疗、协助就医、协助购物、聊天解闷等照料服务的普及率。但是，因为托老所、日间照料室的服务对象相对狭窄，也造成了很多健康老年人对类似场所和服务并不关心的情形，有相当高比例的老年人对于所生活的社区是否有"托老所"、"日间照料室"并不清楚；绝大多数老年人从未参加过所在社区的托老所、日间照料室的活动。此外，因为托老所、日间照料室的主要服务对象是活动能力较差的老年人，对场所设施以及人员的专业性要求较高，导致很多社区的类似照料场所难以运行，陷入"名存实亡"的境地。在多个城市社区的实地走访中发现，类似场所和机构普遍存在闲置现象，这也是造成该服务项目的利用率和知晓率较低的重要原因。由此可见，社区养老机构的作用尚未得到充分的发挥，结合老年人对日常照料服务的旺盛需求可以判断，社区照料机构的发展将是下一步社会养老服务体系建设的重点。

（三）居家养老（助残）服务券用率分析

为了鼓励居家和社区养老的老年人使用社会养老服务，2010年前后，全国各省、市、自治区陆续开始实施养老（助残）服务券制度。以北京市为例，该制度规定：凡具有北京市户籍的80周岁及以上老年人、60至79周岁的重度残疾人均可申请居家养老（助残）服务券，用以购买生活照料，医疗保健、送餐和日托等方面的服务，增强老年人家庭对社会养老服务的购买力，在鼓励人们以社会服务弥补家庭照料不足的同时，促进社会养老服务产业的发展。

然而自养老（助残）服务券制度实施以来，对该项制度的质疑一直未曾消失，陆续有研究者就服务券的使用情况对一些城市街道和社区的相关政府工作人员以及老年人和服务供应商进行了访问。从目前各地区服务券的使用情况来看，多在指定的餐馆、理发店、家政服务公司、护理保健机构、蔬菜食品店、超市、药店甚至是残疾人用品店均可使用服务券购买服务或者货品。但是，从各个服务商最终收取的服务券数额来看，超市和餐饮行业收取的服务券数量最多，理发店、蔬菜食品店等于日常生活密切相关的服务商次之。由此可见，服务券使用的范围较为单一，老年人主要利用服务券购买食物或者在餐厅就餐，服务券制度的推行便利了老年人的就餐，但是因为绝大多数餐饮业的服务运营商并不提供上门服务，所以对于生活无法自理的老年人而言，他们作为最需要该项帮助的人群却因为无法走出家庭而被隔离在外。对于在居家和社区养老服务中扮演重要角色的家政以及护理保健服务行业，相关服务商所获得的养老服务券仅占服务券总支付额的极低比例，服务券制度对该行业的促进作用微乎其微。

四、居家和社区养老服务体系建设中存在的问题

比较居家和社区养老服务的覆盖率和使用率可以发现，尽管老年人群对各项养老服务存在较高的需求，而社区内的养老服务覆盖率也达到一定的水平，处于需求大于供给的状态，但是实际上对各项服务的利用率却处于极低的水平。因此，目前的居家和社区养老服务呈现出一种怪相：一方面是老年人的各项养老服务需求无法得到满足，另一方面却是各项养老服务设施的闲置。通过深入访谈分析各项养老服务的具体运作过程可以发现，造成上述现象出现的原因主要有以下两点：

（1）各项养老服务的质量还有待提高，服务方式需要改进，比如社区康复治疗服务，上门看病和护理等，这是造成养老服务的覆盖率和使用率之间差异较大的主要原因。通过对社区相关工作人员的深度访谈资料的分析发现，尽管社区配备了至少专科以上学历的医护人员，但老人对社区治疗技术持怀疑态度的比例仍较高，近半数的老人认为社区卫生服务站的医疗技术和手段无法满足日常的治疗需求。

（2）有些服务目前并没有专门的人员或适当的机构提供，诸如陪同看病、帮助购物、聊天解闷等，也无法从社会上找到能够提供该类服务的组织或运营商。因此，很多服务实际上是社区工作人员和养老巡视员提供的应急帮助，并未形成常态化、制度化，从而在客观上降低了该项服务的利用率。

通过对社区老年服务场所、机构使用情况的分析，可以发现，老年活动场所和养老服务机构也普遍存在覆盖率远远高于利用率的现象，这说明社区老年服务场所、机构的使用效率也亟须提高。比如，研究者通过对社区老年活动场所和养老服务场所管理人员的访谈发现，尽管大多数的社区都设有老年活动站或托老所，但运行情况却并不理想。由于场地严重不足，服务人员尤其是专业人员匮乏等原因，许多场所处于挂牌但不运行的状态。

从健康的角度审视，老年人是一个相对脆弱的群体，他们在意外和突发事件中对伤害的抵御和规避能力较差。目前服务运营机构和组织普遍存

在对于老年人在老年活动场所、照料机构内或在上门服务过程中发生意外所带来的伤害赔偿问题的恐惧，以及对于各种服务操作方法的不确定性可能引发的摩擦或争执的担忧，这极大地限制了居家和社区社会养老服务特别是针对脆弱老年人群体的日常照料和护理服务的开展，导致服务运营组织和机构目前实际开展的活动和服务人群并不多。因此，作为针对脆弱老年人生存和安全需求的基本养老服务，社区日常照料和护理服务的发展相对滞后，远远无法满足老年人的需求，而服务券制度对其所产生的促进作用也微乎其微。如何推动面向居家和社区养老的老年人群的照料服务行业的发展，是目前社会化养老服务体系建设面临的一项重大挑战，也是推动长期照护保险制度实施的重要基础。

（作者简介：张文娟，女，中国人民大学老年学研究所副教授，研究领域为老年健康与社会支持，联系方式：zhwenj@263.net，18910696226）

第五章　中国机构养老发展现状

王莉莉　杨晓奇　柴宇阳

随着人口老龄化进程的加快,家庭规模的缩小和社会的快速转型,我国对老年人,特别是高龄、失能老年人的照料、康复护理服务的需求迅速提高。截至2014年底,我国60岁及以上老年人口数量已达2.12亿,高龄老年人口数量达到2400万,失能老年人口接近4000万,这对老龄服务事业和产业的发展提出了严峻挑战。中共十八大明确提出,"积极应对人口老龄化,大力推进老龄服务事业和产业发展",为老龄服务体系的建设带来了重大机遇。20世纪80年代之后,随着我国"社会福利社会化"进程的加快,我国的养老机构迅速发展。截至2014年第4季度,我国已有各类养老服务床位551.4万张,每千名老年人拥有养老床位26张。在发展养老机构的过程中,我国不断引入市场机制,强调市场、社会、家庭和个人在社会福利领域中的责任,逐步打破政府垄断社会福利的局面,引导和支持社会力量参与到养老服务市场化进程中来,极大地丰富了养老机构的类型,满足了老年人对养老服务的多样化需求。

一、机构养老与养老机构

（一）机构养老

机构养老是一种以机构为依托的集中养老方式，其最主要的载体是各种类型的养老机构。我国在2000年之后，开始逐渐形成并发展居家、社区、机构三位一体的社会养老服务体系。2011年，国务院下发《社会养老服务体系建设规划（2011-2015年）》，指出要建立以居家为基础、社区为依托、机构为支撑的社会养老服务体系，并对"居家养老"、"社区养老"、"机构养老"的具体内容进行了明确界定，明确了"机构养老服务以设施建设为重点，通过设施建设，实现其基本养老服务功能"，其中，"养老服务设施建设重点包括老年养护机构和其他类型的养老机构"。因此，"机构养老"就是以各种类型的养老机构为依托来实现基本养老服务功能的一种养老方式。

根据《社会养老服务体系建设规划（2011—2015年）》中对机构养老的定位及功能阐述，其服务载体、服务对象、服务内容主要是：1.服务载体为：老年养护机构和其他类型的养老机构；2.服务对象主要为：为失能、半失能的老年人提供专门服务"；3.服务内容主要为：生活照料、康复护理、紧急救援，以及培训和指导社区养老服务组织和人员，提供居家养老服务。

（二）养老机构

养老机构作为机构养老的最主要载体，承担着机构养老的主要养老职能。我国的养老机构最初的形态是社会福利机构，主要为三无、五保等老年人提供养老服务。根据2001年民政部发布的《老年人社会福利机构基本规范》，老年人社会福利机构可以分为8类，分别是老年社会福利院、养老院或老人院、老年公寓、护老院、护养院、敬老院、托老所和老年人服务中心。其中，老年社会福利院、养老院或老人院、老年公寓、护老院、护养院、敬老院以及提供全托服务的托老所都在我们通常说的养老机构的范围之内，而提供日托和临时托养的托老所则属于老年人日间照料机构，老年人服务中心在性质上则更接近老年人日间照料机构或居家养老服务机构。2013年，民政部又发布了《养老机构设立许可办法》和《养老机构管理办法》，首次从国家政策层面对养老机构进行明确界定，明确"养老机构即为老年人提供集中居住和照料服务的机构"，并强调养老机构应具有两方面的功能：一是为老年人提供集中居住的场所；二是为老年人提供照料服务。根据《养老机构管理办法》的规定，养老机构的照料服务内容包括：生活照料、康复护理、精神慰藉、文化娱乐等。关于养老机构的规模，《养老机构设立许可办法》将养老机构的床位数下限设定为10张。

二、我国养老机构的发展历程

养老机构在我国历史上发展已久，按照养老机构在历史上不同时期发展所展现出来的特点，我们可以将我国养老机构的主要发展历程归纳为以下四个阶段：

（一）古代时期的养老机构发展

1. 养老机构开始萌芽，并初具雏形

南北朝时佛教兴盛，具有极强的慈悲济世情怀。公元521年，梁武帝萧衍曾在其都城建康（今南京）设立了"孤独园"和"六疾馆"，主要救助孤寡老人、儿童和病者。这两种机构的创办标志着我国最早的养老机构初具雏形。唐朝建立以后，武则天根据佛教理论中的"三福田"之说，将梁武帝设立的"孤独园"更名为"悲田养病坊"，让其主要承担悲悯贫穷孤独和施舍救难的职能，这一举措可以称之为我国古代最早的社会保障制度。

2.养老机构逐渐成为政府的常规制度性举措

经过唐朝的规模化推动,养老机构的发展在宋代达到了顶峰。北宋初年即开设"福田院",随后发展为"居养院",南宋时期又发展为"养济院",这些不同名字的机构均以慈善性养老为主,具体事务等完全由政府负责管理,与佛门逐渐脱离关系。元朝时期,政府逐步建立和完善了收养救助制度,当时各路均设立济众院1所,救助、收养"诸鳏寡孤独、老弱病残、穷而无告者",口粮和柴薪统一供给。明代建国之初即诏令各地方府县设置养济院,并通过法律形式加以确定,这都可以视为养老机构的发展雏形。

3.民间力量涌入,官民合办养老机构出现

清朝的养老机构分"养济院"和"普济堂"两种。清沿明例,在京都及各地分别设立养济院,赡养鳏寡孤独及残疾无依靠的人,银两和口粮由政府拨给,地方士绅可以自由捐献;普济堂设立于康熙年间,各地在康熙皇帝的倡导下纷纷效行。在收养老人的年龄及具体的生活安排上,普济堂都有明确的规定,只是各地根据自身的情况略有不同。普济堂的费用来源于官田及富人捐助田的地租。这标志着官民合办的养老机构开始出现。

(二)民国时期的养老机构发展①

民国时期是我国古代社会向近现代社会变迁的关键时期。在"西学东渐"思潮的引领下,我国社会福利与保障事业已经逐步具备了现代社会福利制度的基本特征。

1929年,江苏省吴县(今苏州)第一养老院在其章程中规定自己的主要功能为"生活之改善"、"行为之纠察"、"洗浴"和"伙食"。1936

---

① 林顺利.民国时期社会养老发端与机构养老转型,[J],中国社会工作,2013年8月下(总第168期),P18–P20。

年，江苏省社会救济院养老所在其《组织章程》中在上述原有服务的基础上，又增加了"室内操作"（如手工编织等）、"室外操作"（如栽种花卉等）等服务内容。1943年，为贯彻落实国民政府颁布的《社会救济法》，社会部在重庆设立直属"重庆市实验救济院"，下设安老所、助产所、育幼所、施医所、残疾教养所、习艺所等分部。其中，安老所作为主要承担为老服务的部门，一直保持100人左右的老年人吸纳规模，占救济院总规模的四分之一。此外，"南京伤残重建院"也可被视为民国时期养老机构发展的典型代表。1948年发布的《社会部南京伤残重建院组织章程》中提到，（在职人员）必须"掌理个案调查、就业指导、职业介绍及随访并心理测验、精神病社会工作等事项"。这说明，养老机构发展已经进入并开始了专业化的养老服务阶段。

（三）1949—1999年间的养老机构发展[①]

1. 救济性向福利性转变，养老为主的主线开始得到确立

新中国建立初期，政府通过设置救济机构和创建新的救济性福利事业单位，解决了当时社会上大批流离失所、饥寒交迫人员的收容安置问题，并在随后对他们进行一定的救济、教育和劳动改造，这类机构当时称为生产教养院。此后，国家又专设了一批残老福利院，将其性质界定为社会福利机构，并明确将社会福利工作与社会救济工作分离，使其形成独立的系统。1959年后，残老院更名为养老院或社会福利院。1979年11月，全国城市救济福利工作会议重申，福利机构的工作方针是"以养老为主，通过适当劳动、思想教育和文娱活动，使老人身心健康，心情舒畅，幸福地度过晚年"。这一原则在之后被进一步解释为"以养为主"、"供养与康复并重"，福利机构由救济型向福利型转变，由供养型向供养康复结合型转变。

---

① 李学举.跨世纪的中国民政事业（1994-2002总卷），〔M〕，北京：中国社会出版社，2002.5，P45-P60。

2. 社会力量扩大参与，社会福利社会化开始萌芽

改革开放后，随着国家实力的显著增强，党和政府开始积极探索一切有利于社会主义现代化建设的新观点、新方法，"社会福利社会化"这一当时在发达国家已经发展成熟的社会福利观念被引入国内，并在全国开展了广泛的探索和实践。1988年3月，为推进社会福利社会化进程，在总结以往经验的基础上，民政部选定13个城市进行试点。随着各地关于社会福利社会化的探索不断加快，各种形式的城市养老机构开始不断增多。同年7月，民政部发布《关于支持和表彰个人办敬老院的决定》，公开表彰19位创办敬老院的个人。以此为契机，社会各界积极参与到农村敬老院的建设当中，仅1994年一年就投入资金4.8亿元，新建和改扩建敬老院3900所。据统计，截至当年底，全国敬老院共计40509所，五保对象共收养578323人，分布在全国1131个县市。

3. 老人收养限制逐步放开，服务对象日益多元

随着改革开放的深入发展，社会福利机构原有的收养限制被逐步打破，允许孤老职工自费养老。20世纪80年代中后期这一进程大大加快，普通有需要的社会老人只要经济条件允许也可以自费入住养老机构，老年人收养限制逐步放开。许多社会老人在缴纳一定费用后进入城乡的福利机构、敬老院养老，社会福利机构的入住率大幅提升。

4. 制度规范化程度不断加深，多种专项政策纷纷出台

1996年，我国颁布了《中华人民共和国老年人权益保障法》，党和国家对老龄事业与产业的发展更加重视。民政部等相关部门相继出台了《社会福利机构管理暂行办法》、《老年人社会福利机构基本规范》等政策文件，从软硬件方面规范了福利机构的管理，服务项目也不再局限于单一的生活保障，养老、医疗、康复护理、精神慰藉等内容逐渐融为一体。此外，民政部还发布了《农村敬老院管理暂行办法》，对敬老院的性质、资金渠道、管理主体、院务管理、财务管理、人员选用、生产经营、政策扶持等方面做出了明确规定，大大推动了农村敬老院的规范化发展。

（四）2000年以来的养老机构发展

1. 政策创制力度明显增强，相关法规陆续出台

2000年以来，党和国家对养老机构发展的重视力度不断增强，指导性文件也越来越具体。以民政部为例，十几年间相继出台了《关于加快实现社会福利社会化的意见》、《关于支持社会力量兴办社会福利机构的意见》《关于加快发展养老服务业的意见》、《养老机构设立许可办法》《养老机构管理办法》等一系列重要文件，特别是在国务院《关于加快发展养老服务业的若干意见》出台之后，各部门政策创制的力度进一步加大，养老机构的发展环境日益优化。

2. 民间资本投入加大，社会力量逐渐成为养老机构建设主体

中共十八大提出要"积极发挥市场在资源配置中的决定性作用"，政府开始积极鼓励和引导民间资本进入养老服务领域，支持社会力量通过采取公建民营、民办公助等多种模式兴办各类养老服务设施。在此背景下，包括央企、险资、外资等在内的国内外各种金融机构进入养老服务领域的步伐大大加快，积极性也空前高涨。2013年出台的《养老机构设立许可办法》更明确提出，外国组织可以独资或者合资设立养老机构，国内外资本进入养老服务市场的环境日益优化，社会力量开始逐渐成为养老机构的建设主体。

3. 公办养老机构改制正式启动，市场化运行加速

针对公办养老机构存在的职能定位不明确、运行机制不健全、发展活力不足等突出问题，国家开始大力推进公办养老机构的改制步伐，明确公办养老机构应主要定位为困难失能老年人提供"托底"服务，并不再配编

制和资金，今后将逐渐转制为民营或企业。为推进公办养老机构的转制进程，民政部专门出台了《关于开展公办养老机构改革试点工作的通知》，部分省市开始开展具体的试点工作。随着公办养老机构的改制工作不断推进，养老机构的市场化进程也在快速发展。

4. 养老机构类型更加多元，服务水平不断提高

2000年以来，我国的养老机构发展更加迅速，类型也更加多元。就养老机构的服务项目而言，目前我国养老机构的类型主要有：生活照料型、康复护理型、临终关怀型、综合服务型等。在类型更加多元的同时，养老机构的服务水平相对于以前也有了很大的提高。养老机构可以根据老年人的实际需要提供相对应的养老服务，专业化的服务水平也得到了很大提升。

三、我国养老机构发展现状

（一）政策制度进一步完善

"十二五"期间，我国的养老服务业进入快速发展阶段。政府大力发展养老服务业的思路更加明确，民间资本进入养老服务业市场的积极性更加高涨，社会对养老服务业的需求进一步增加，相关部门出台养老服务业扶持政策的力度也进一步加大，2010—2015年间，仅中央和各部委层面就出台政策文件30余个，涉及养老机构的设立许可办法、管理办法，机构发展的土地、资金、人才、设施、标准、改革等战略规划和具体政策措施，极大地促进了养老机构的政策体系完善。

2013年国务院下发的《关于加快养老服务业发展的若干意见》（国发〔2013〕35号）明确提出要"充分发挥市场在资源配置中的基础性作用，逐步使社会力量成为发展养老服务业的主体"，并从投融资、税收、土地、补贴、人才培养与就业等方面提出了具体的政策要求。文件出台后，相关

部门相继出台了《关于推进养老服务评估工作的指导意见》、《关于开展公办养老机构改革试点工作的通知》、《关于开展养老服务业综合改革试点工作的通知》、《关于加强养老服务标准化工作的指导意见》、《关于推进养老机构责任保险工作的指导意见》等,其中大部分是针对养老机构发展过程中迫切需要突破和解决的问题进行的政策指引与试点要求。

(二)投资主体日益多元

在养老机构的发展进程中,我国目前正在形成多元投资主体的局面,其中,政府是目前养老机构的主要投资、建设与运营主体,随着社会福利社会化进程的加快,企业、个人、社会组织等其他投资主体也在踊跃加入。

一是政府投入养老服务事业的资金明显加大。2012年国家发改委共投入31亿元用于社会养老服务体系的试点设施建设,民政部利用部本级彩票公益金,共投入5000万元用于农村养老服务设施建设。2014年,中央财政下拨服务业发展专项资金24亿元,支持在吉林、山东等8个省份开展以市场化方式发展养老服务产业试点。2015年,发改委、民政部、全国老龄办联合印发《关于进一步做好养老服务业发展有关工作的通知》,明确将政府用于社会福利事业的彩票公益金50%以上用于养老服务业。此外,各地也纷纷出台了社会养老服务体系的建设规划,并通过建立财政专项资金、加大建设补贴和运营补贴等方式,着力提高对社会养老服务体系的财政投入。

二是企业投入养老服务市场热情不断高涨,各类企业与资本,包括央企、险资、外资等纷纷投入到养老服务市场中来。此外,一系列政策也开始着手吸引外资和企业投入中国的养老服务市场中来,如《中西部地区外商投资优势产业目录(2013年修订)》中,22个省市均鼓励外商投资养老服务机构。在《养老机构设立许可办法》中,第一次明确许可外国组织可以独资或者合资设立养老机构。广东、上海等市都已出台了专门文件鼓励和支持外资进入社会福利等领域,许多国外的养老服务机构已经开始涉足中国的老龄市场。

三是一些社会组织、事业单位甚至是个人也开始投资运营养老机构。如许多规模较小，面向普通中低收入老年人的小型养老机构，都是由个人筹资兴建的。许多由个人投资运营的小型家庭式养老机构，床位仅有十几张或二三十张，却也满足了许多中低收入老年群体的养老服务需求。

（三）数量规模发展迅速

1. 整体数量

根据民政部统计，截至 2014 年底，全国共有各类养老服务床位 551.4 万张，每千名老年人拥有养老床位 26 张。根据《社会养老服务体系建设规划（2011—2015）》中提出的建设目标，2015 年全国养老服务床位总数要达到 660 万张，每千名老年人拥有养老床位数达到 30 张。从目前情况看，未来两年中国的养老服务设施建设还会大幅增强。

另外，从养老机构的发展来看，2000 年之后，我国正式步入人口老龄化社会，国家正式出台了社会福利社会化的政策，机构养老服务特别是民非的养老机构开始迅速发展。为进一步了解各地养老机构的实际发展状况，我们在天津、哈尔滨、重庆、南宁、济南、太原、南昌、武汉、长沙、昆明、兰州、福州等 12 个城市进行了养老机构的专题问卷调查与座谈（以下简称"十二城市调查"）。问卷调查的数据显示，大部分被调查的民非养老机构是 2000 年之后成立的。2000 年至今，近 15 年的时间内成立的养老机构占 82.9%，这其中民非养老机构所占的比例高达 76.4%。

2. 平均规模

我们一般用机构拥有的床位数作为衡量养老服务机构规模大小的指标。根据民政部的统计，2013 年我国养老服务机构的平均规模为 102 张床位，其中养老服务机构平均规模最大的城市是北京市，为 284 张，拥有养老服务机构数量最多的四川省，平均机构规模仅为 110 张。

"十二城市调查"数据显示，23.6%的养老机构床位数在50—99之间，38.4%的养老机构床位数在100—199之间，25.6%的养老机构床位数在200张以上。床位数在100张以上的养老机构所占比例高达65.0%。

3. 主要分布

从我国养老机构的地域分布情况来看，中东部地区养老服务机构数量较多，民办养老机构呈现东部多于西部的地域分布特征。截至2013年第3季度，四川、湖南、河南等省的养老机构数量最多。其中，四川省的养老服务机构总数为3165个，湖南省为2808个，河南省为2763个。机构数量最少的为青海和宁夏，分别为152个和71个。另外我国民办养老服务机构呈现出东部多于西部的地域分布特征。即各省（市）拥有民办养老服务机构的数量依照地理位置自东向西逐渐减少，也就是说，中国东部省市拥有的民办养老服务机构数量普遍多于中、西部省市。

从城乡分布来看，养老服务机构总体呈"城市少，农村多"的局面，但民办养老机构则是"城市多，农村少"。根据民政部的统计，2011年中国养老服务机构中农村养老机构所占比例为85.1%，城市仅为14.9%。但从民办养老机构的情况来看，却呈现出明显的"城市多，农村少"的情况，这反映了在社会福利社会化的过程当中，城市老年人的养老服务需求更加旺盛，养老服务业的发展也更快。

（四）服务类型更加多样

1. 主要服务类型

目前，我国养老机构的主要服务类型包括：日常生活照料服务为主、护理康复服务为主、临终照护为主以及综合性的服务兼有这四种类型。但提供康复护理、临终关怀服务对养老机构要求较高，不仅需要专业的护理人员，也需要专业化的社工人员。当前，我国养老机构发展仍然处于粗放型管理模式，偏重于提供日常生活照料服务和综合性服务的养老机构较多，提供专业化养老服务的养老机构还较少。

2. 主要服务内容

从具体的服务内容来看，目前我国养老机构可以为老年人提供的服务内容主要包括生活照料、膳食服务、医疗保健、康复护理以及文化娱乐活动等。从"十二城市调查"数据看，养老机构的主要服务项目以基本的生活服务为主，包括生活照料、膳食服务和休闲娱乐。有近三分之二（64.3%）的养老机构提供心理慰藉和临终关怀服务，超过一半的养老机构提供医疗保健（54.9%）、康复护理（59.6%）和陪同就医（51.4%）服务，也有一半以上的养老机构提供咨询和志愿者服务，所占比例分别为55.7%和56.9%。仅有不足三分之一的养老机构（32.2%）提供老年教育服务。整体来看，被调查的养老机构主要以提供生活照料和基本的医疗、康复与休闲娱乐服务为主，个人发展层次方面的服务提供较少。

3. 服务价格情况

床位费、餐费、护理费是养老服务机构的主要收费项目，另外入住时还会收一定的入住押金，根据机构规模、性质以及服务内容的不同，收费也有很大差异。一般的养老服务机构主要是根据老年人的自理程度，标准即需求服务内容的不同来确定收费标准。

整体来看，民办养老机构的收费标准要明显高于公办养老机构。以入住押金为例，民办养老机构的入住押金大都在10000元以上，公办养老机构则普遍在3000—8000元不等。民办养老机构的护理费用也普遍高于公办养老机构，餐费则大体相当，大都在600元左右。从"十二城市调查"数据的情况来看，床位费平均为883元/月，护理费平均为743元/月，餐费平均为510元/月。平均每月收费为2134元，其中，公办养老机构平均每月为1919元，民非养老机构为2201元，民办营利养老机构为2133元，公办养老机构的平均收费标准明显低于民非与民办营利养老机构。

（五）服务设施不断完善

根据养老机构的服务内容，我国养老机构中除了老年人的居室之外，大都还设有医疗设施、文化娱乐设施、室外活动场地等。从"十二城市调查"数据的情况来看，绝大部分养老机构都有室外活动场地和文化娱乐设施，所占比例分别为87.6%和84.2%，另有61.5%的养老机构设有体育设施。但相对于老年人入住养老机构最需配套的医疗与康复设施来讲，目前养老机构的配置比例还较低。仅有54.7%的养老机构和46.6%的养老机构有医疗和康复设施，将近一半的养老机构不具有医疗和康复设施。尤其是相对于公办养老机构，民非和民办营利养老机构配备医疗和康复设施的比例明显偏低，仅有51.9%的民非养老机构和50.0%的民办营利养老机构有医疗和康复设施，明显低于公办养老机构的比例（68.8%）。

（六）人员队伍不断发展

养老服务机构的人员一般由管理人员、医护人员、护理人员和后勤人员等组成。据调查，中国民办养老服务机构的管理人员、医护人员、护理人员、后勤人员的配置大致为3：2：9：3，其中，护理人员的比例约占到全部人员的一半（53.0%）以上，医护人员的比例最低，仅为12.0%左右，管理人员和后勤人员的比例为35.0%。

护理人员和医护人员是养老服务机构中最重要的人员队伍。就目前情况来看，中国民办养老机构中医护人员数量少、学历低和护理人员年龄大，职业技能差的现象还很普遍。调查显示，民办养老服务机构中的护士70.0%以上的为中专或以下学历，仅有30.0%左右为大专以上学历。另外，41-50岁的中年护理人员是民办养老服务机构护工队伍的主力军，其比重达到44.0%左右。

（七）运营状况尚不乐观

养老机构投资大，行业利润薄，预期回收周期长。特别是对于民非、民办营利养老机构来说,投资的预期回收周期都相对较长。以"十二城市调查"数据为例,40.5%的养老机构认为投资预期回收周期为十年以上,22.4%的养老机构认为投资预期回收周期为7—10年,28.3%的养老机构认为投资预期回收周期为4—6年,仅8.8%的养老机构认为投资预期回收周期为1—3年。

另外,从养老机构的运营情况来看,养老机构整体投资收益期较长、利润相对较低的特点也比较明显。以"十二城市调查"数据为例,48.1%的养老机构的运营状况为收支基本持平,32.5%的养老机构亏损,有盈余的养老机构所占的比例仅为19.4%。在盈余的养老机构中,利润率在3%以下的养老机构所占比例高达56.2%,利润率在10%以上的养老机构的比例仅为1.5%。

(八)标准化建设逐步推进

随着我国养老机构的规范化发展,养老机构的标准化建设也在不断加强。围绕养老机构的硬件设施建设、服务内容与标准、老年人健康与能力评估等方面,中央和地方出台了一系列的标准文件。截至目前,已有的国家标准包括《养老机构基本规范》(GB/T 29353-2012)、《养老机构安全管理》(MZ/T 032-2012)和《老年人能力评估》(MZ/T 001-2013)等;地方标准如北京市《养老机构老年人健康评估规范》、上海市《老年照护等级评估要求》(DB31/T 684-2013)等。

(九)监督管理不断完善

我国的养老机构实施多部门共同监督管理的方式。民政部门主要负责养老机构的设立许可,并从行业管理的角度对养老机构进行指导、监督和管理;其他相关部门,如卫生、消防、工商等部门则从各自职能角度共同对养老机构实施管理监督。

2013年,民政部出台了《养老机构管理办法》,具体规定了养老机构的服务范围、标准、服务协议、服务内容及要求、规章制度与内部管理要求、监督检查权限和方式等，规定民政部门应按照实施许可权限，通过书面检查或者实地查验等方式对养老机构进行监督检查。养老机构应当于每年3月31日之前向实施许可的民政部门提交上一年度的工作报告。养老机构设立医疗机构的，应当依法取得医疗机构执业许可证，并按照医疗机构管理相关法律法规进行管理。同时，养老机构在消防、财务、卫生等方面也要符合相关部门的设施与管理要求。

四、我国养老机构发展存在的问题及未来发展趋势

由于我国养老机构起步晚，底子薄，发展慢，在取得较快发展的同时，还面临着一些突出的问题：一是养老机构发展政策落实不到位、体系不完善。主要表现为部分公办养老机构定位不准确；现有政策因部门分割或操作性不强等原因落实不到位；制约养老结构发展的土地、融资、连锁经营、风险分担等领域的关键政策尚未实现突破。二是养老机构双轨运行，市场竞争机制不完全，民办养老机构的发展空间被挤占。三是养老机构自身建设滞后，服务水平较低。四是机构养老服务有效需求不足。"哑铃形"供给抑制有效需求，也就是市场上处于两端的豪华型养老机构和设施简陋的养老机构较多，真正符合大多数老年人需求的中档养老机构所占比重较低，呈现两头大、中间小的"哑铃形"，直接导致大量老年人的需求得不到满足。五是支持养老机构发展的社会氛围有待形成。这些问题的产生既有政府在职能转型、政策制定、监督管理等方面的缺失，也有市场在行业定位、金融模式、服务创新等方面的滞后，同时，行业组织和机构本身在服务、管理、人才培养等方面的问题也是影响我国养老机构发展的关键因素。这与我国养老机构发展本身起步晚、发展时间短有关，也与我国社会化养老服务市场环境尚未完全成熟、发展相对滞后有关。迫切需要政府、市场、机构、个人形成合力，进一步完善落实政策、优化市场环境、加大创新力度、进行整体规划和优先突破，共同推进我国养老机构的健康快速发展。

未来，随着我国养老服务相关政策制度的完善，市场环境的优化，我国机构养老作为社会养老服务事业和产业的重要内容，将会取得越来越快的发展，特别是其中的养老机构发展，将会更加繁荣。

（一）民办民营养老机构将成为发展主体

我国目前的养老机构是公办、民办"双轨制"运行，这种模式在特定时期具有一定的合理性，但随着市场经济的发展，打破养老机构发展的"双轨制"，促进养老机构的市场化发展是必然趋势，民办民营养老机构将成为发展主体。一方面，老年人需要的高质量低价格的养老服务依靠的是市场竞争，只有通过充分的市场竞争，才能解决当前老年人机构养老服务的短缺问题，才能更好地应对不断加剧的人口老龄化现象。另一方面，公办养老机构的转制改革正在不断推进，更多的养老机构将会以公办民营、公建民营等形式出现，养老机构的市场化趋势将会更加明显。

（二）机构养老服务将与居家、社区养老服务融合发展

无论从老年人需求，还是其他国家的实践来看，养老机构与居家、社区养老服务的一体化发展都是大势所趋。从老年人需求来看，随着老年人年龄的不断增长，身体健康状况不断下降，导致服务需求呈现以下特点：一是服务内容要求丰富，除了物质方面和精神方面的需求之外，更需要借助工具和辅助设施的工具性服务需求；二是服务需求在专业方面不断递进；三是老年人的服务需求更注重就近、便捷，更加注重服务的可获性和可及性。因此，相对于集中居住的养老机构服务，更符合老年人心理和服务需求特点的是在熟悉的社区获得连续性、综合性的服务。未来，随着我国养老服务的快速发展和养老服务网络的不断建立完善，机构、社区和居家养老服务一体化发展将是必然趋势。

（三）小型化、专业化、社区化、连锁化将成为养老机构发展主要态势

国际上许多国家经验表明，无论是从经营管理、专业化角度，还是老

年人宜居舒适度角度来看，养老机构规模不是越大越好，床位也不是越多越好。随着经济社会的发展和老年人对养老服务专业化需求的提高，未来养老机构的小型化、品牌化、连锁化趋势将更加明显。原因有三：一是未来的养老机构尽可能的社区化，即依托社区发展养老机构，这既符合老年人对机构服务的需求，也符合机构、社区、居家一体化发展的大趋势。二是养老服务行业是微利行业，只有通过规模经济才能实现盈利，在小型化的前提下连锁化经营是机构获取市场份额、提高市场竞争力的必然选择。三是随着养老服务行业内的竞争不断加剧，加上老年人消费的依赖性，只有做好品牌，才是提高市场竞争力的关键。随着我国养老机构的不断成熟与发展，未来养老机构市场化、规模化、专业化的趋势将会更加明显。

（四）养老机构养医结合发展趋势将更加紧密

当前，我国养老机构提供的服务绝大部分以养老服务为主，缺乏医疗服务。随着老年人生活水平的不断提高和养老服务市场的不断发展，养医结合服务将成为养老机构未来发展的主要方向。所谓"养医结合"就是将"预防、治疗、康复、护理"服务融为一体，"养"和"医"是相辅相成，相互补充的。养医结合服务既满足入住老年人的养老需求，又满足老年人长期的慢性病管理、康复、吃药等基本医疗需求。养医结合的模式可以多种多样的方式实现，既可以在养老机构中设置医务室、卫生所（室），也可以独立设置康复医院、护理院，此外还可以和周边医疗机构签订合作协议为老年人提供医疗服务等。

（五）养老机构服务更加向亲情化、人性化发展

近年来，我国养老机构取得了快速的发展，机构数量不断增加，但发展模式比较"粗放"，具体表现为机构提供的服务缺乏人性化，大部分老年人接受同样的服务，很难满足不同老年人不同的需求。随着我国政府对养老服务业的不断重视，民间力量对养老服务业的不断介入，养老服务市场竞争的不断加剧，养老机构发展的模式将逐步走向"集约型"，养老机构会更加注重服务的质量，注重服务的人性化和亲情化发展，通过服务质量占领市场，通过亲情化、人性化的服务树立品牌。

（作者简介：王莉莉，女，博士，中国老龄科学研究中心老龄经济与产业研究所副所长，副研究员。研究领域：老龄服务、老龄政策、老龄产业。联系电话：010-58122239，E-mail：gongzuowll@sina.com；

杨晓奇，男，博士，中国老龄科学研究中心老龄经济与产业研究所副研究员。研究领域：老龄经济、老龄政策、老龄产业。联系电话：010-58122240，E-mail：yangxiaoqiyi@163.com；

柴宇阳，男，硕士，中国人民大学社会与人口学院硕士毕业生。研究领域：老年社会工作，老龄政策。联系电话：010-58122239，E-mail：gongzuowll@sina.com）

参考文献

［1］林顺利，民国时期社会养老发端与机构养老转型，［J］，中国社会工作，2013年8月下（总第168期），P18-P20。

［2］李学举，跨世纪的中国民政事业（1994-2002总卷），［M］，北京：中国社会出版社，2002.5，P45-P50。

第三篇 新时期养老方式应对及探索

第六章 医养结合,任重道远

杜 鹏 王雪辉

导 言

2014年底,我国60岁及以上老年人口达2.02亿,成为世界上唯一老年人口超两亿的国家。人口老龄化的同时还伴随着老年人口的失能化和高龄化,失能老人和高龄老人身心健康状况相对较差,对医疗护理服务的需求更加迫切,他们既需要"养",更需要"医"。健康老人则越来越重视自身的健康管理和疾病预防,尽可能降低失能风险,他们对预防性医疗健康服务的需求快速增加。然而,我国在发展医养结合方面尚处于起步阶段,社区或机构的医养结合能力远远滞后于当前老年人多元化的养老服务需求。近几年,青岛、江苏、黑龙江、北京等地相继探索医养结合发展模式,取得了一些成效,但依旧面临诸多困难和挑战。本文拟在梳理"医养结合"概念内涵的基础上,探讨当前医养结合政策和地区实践模式的优势与不足,结合日美等国家经验探索适合我国医养结合发展的模式与路径。

一、"医养结合"的内涵

关于医养结合的内涵,目前各界持有不同的看法。民政部社会福利司在题为《医养结合的模式与路径》①一文中提出，医养结合服务是将基本养老服务和医疗服务加以整合，并在社区、养老机构和医疗机构内加以实现。该观点解释了医养结合服务的具体内容和提供场所，但没有具体说明医养结合内在的运行机制。李杰在一项针对青岛医养结合模式的研究中认为，"医养结合"是同时强调老年人照顾中的医疗护理和生活照料两个方面，将医疗保健服务和生活服务有机结合起来。②该定义提供了医养结合的具体内容，但没有详细说明医养结合的运作模式。

为进一步明确医养结合的内涵，有学者从服务对象、服务主体、服务模式、责任主体、主管部门、结合机制等六个方面对医养结合做出了明确的界定。③文章较为系统化地探讨了医养结合服务体系的运作机制，为指导医养结合服务的开展提供了理论基础。不足的是，文章没有对医养结合服务对象和服务内容做进一步的细分，只笼统地说主要为失能半失能老人提供科学合理的医养结合服务。此外，针对相关主管部门之间如何开展职能协作，养老服务人才和医疗服务人才如何实现服务对接与结合也没有提出具体可行的方案。总体看，文章主要提供了医养结合服务运作框架和概念解释，倡导性较强，可操作性较弱。

杨景亮则更加具体地界定了"医养结合"的内涵，他认为，医养结合养老模式包括服务主体、服务客体、服务内容、服务方式和管理机制等五种元素。他将服务对象分为四类，并针对不同健康状况老人的需求提供不同性质的医养结合服务，可以使服务更加有针对性。但作者对于服务方式和管理机制的研究仍不够深入，只是象征性地提出服务方式主要在机构内开展，加强政府管理部门的职能，促进相关政策的制定与落实，而没有提出具体可实施的措施。

综上所述，已有研究从不同维度对"医养结合"的内涵进行了界定，

---

① 王素英等，医养结合的模式与路径——关于推进医疗卫生与养老服务相结合的调研报告［J］，社会福利，2013（12）：p11-14。
② 李杰，青岛"医养结合"养老模式问题研究［J］，中国人力资源开发，2014（18）：p74-79。
③ 米红、杨明旭，"医养结合"内涵界定需要明确六个问题［N］，中国社会报，2015年3月23日第004版。

这有助于本文对医养结合的理解。但实际上，医养结合不仅仅只是养老服务和医疗服务的结合、养老机构和医疗服务的结合，还涉及民政、卫生、人社等政府职能部门间的结合。基于此，本文认为，"医养结合"是指在政府相关职能部门合作与引导的基础上，将医疗护理服务和养老服务融入到家庭、社区和机构的各个场所中。发展医养结合的核心是依据老年人的实际需求，依托社会养老服务体系整体格局，打破现有制度藩篱，采取科学发展模式，合理配置养老和医疗服务的人、财、物等资源。

二、国内医养结合政策及实践发展现状

（一）"医养结合"政策发展现状

"十二五"以来，医养结合发展逐渐引起政府的重视，随着老龄化程度的不断加深，政府密集出台相关政策力促医养结合发展。2011年，国务院办公厅发布《社会养老服务体系建设规划（2011—2015年）》，规划中明确提出，机构养老重点推进供养型、养护型、医护型养老设施建设，这是我国首次在国家政策文件中强调机构的医养结合发展。同年，全国老龄办发布了《中国老龄事业发展"十二五"规划》（2011年），该规划中提出发展老年医护卫生保健服务。国务院出台的养老规划对于推动机构的医养结合发展意义重大，有利于提高养老设施的医护能力。全国老龄办发布的老龄事业规划重点强调老年医疗卫生服务网点的建设，加强老年病预防和老年保健工作，有利于提升医养结合的基础服务能力，有助于实现健康老龄化。

此外，发展医养结合也得到了法律的支持。2013年7月开始正式实施的《老年人权益保障法》中明确规定，将老年人健康管理和常见病预防等纳入城乡医疗卫生服务规划，鼓励医疗卫生机构加强为老服务能力，提供老年人家庭上门医疗护理服务和义诊服务。在《老年人权益保障法》中加入发展医养结合服务的内容，在很大程度上为医养结合服务的快速发展

提供了有利的法律基础。

实际上,"医养结合"概念是在国务院发布的35号文中首次被提出。2013年9月,国务院出台《国务院关于加快发展养老服务业的若干意见》,意见明确提出积极推进医疗卫生与养老服务相结合,并提出医养结合的具体措施,鼓励养老机构、医疗机构、社区服务机构通过多种形式开展医养结合服务。同时健全医疗保险机制,完善医疗报销制度,鼓励发展长期护理保险、意外伤害保险等保险产品。[1]同年,国务院出台《国务院关于促进健康服务业发展的若干意见》(2013年),该文件提出加快发展健康养老服务,在养老服务中充分融入健康理念,加强医疗卫生服务支撑,建立健全医疗机构与养老机构之间的业务协作机制。加快发展社区健康养老服务,提高社区为老年人提供医疗护理、康复保健等服务的能力,鼓励医疗机构将护理服务延伸至居民家庭。[2]这两个《意见》是我国发展医养结合的最高指导性文件,明确了未来较长时期内的医养结合服务的发展方向和实施举措。

按照国务院35号文件和40号文件的要求和指示,2014年,国家相关部委相继出台促进医养结合发展的专项政策。国家发改委、民政部和国家卫计委发布《关于组织开展面向养老机构的远程医疗政策试点工作的通知》(2014年),在北京、湖北和云南三省市选取养老机构和医院开展试点工作,要求试点医院面向合作养老机构开放优质医院资源;[3]国家发改委、民政部和财政部发布的《关于加快推进健康与养老服务工程建设的通知》(2014年)中提出,加强主要为失能、半失能老人提供生活照料、健康护理、康复娱乐等服务的老年养护院等专业养老服务设施和医养结合服务设施;[4]国家卫计委印发《养老机构医务室基本标准(试行)》(2014年)和《养老机构护理站基本标准(试行)》(2014年),对养老机构医务室和护理

---

[1] 国务院.《国务院关于加快发展养老服务业的若干意见》,2013年。
[2] 国务院.《国务院关于促进健康服务业发展的若干意见》,2013年。
[3] 国家发改委、民政部和国家卫计委《关于组织开展面向养老机构的远程医疗政策试点工作的通知》2014年。
[4] 国家发改委、民政部和财政部《关于加快推进健康与养老服务工程建设的通知》,2014年。

站的人员、房屋、设备、转诊制度、药品登记分发制度、健康教育制度等作出了明确的规定,加强养老机构医务室和护理站的建设和管理,促进医养结合发展。①这些专项政策从不同领域对加强医养结合发展提出了具体要求,有利于养老机构远程医疗服务、专业的医护设施和养老机构内医疗设施医养结合服务能力的提升。

2015年,国务院及部委继续出台相关政策促进医养结合发展。民政部等十部委出台《关于鼓励民间资本参与养老服务业发展的实施意见》(2015年),该文件将"推进医养融合发展"作为单独一部分重点强调,提出主要从养老机构与医疗机构合作、养老机构内的医疗机构纳入医保支付范围、护理型机构建设、医护人才待遇及培训、医疗资源进社区家庭等多种措施加强医养融合发展。②3月,国务院办公厅发布《国务院办公厅关于印发全国医疗卫生服务体系规划纲要(2015—2020年)的通知》(2015年),文件在医养结合部分提出推进医疗机构与养老机构合作,推动中医药与养老结合,发展社区健康养老服务,开展远程医疗和上门巡诊等具体实施措施。③5月,国务院办公厅发布《国务院办公厅关于印发中医药健康服务发展规划(2015-2020年)的通知》(2015年),该政策提出要积极发展中医药健康养老服务,鼓励发展中医药特色养老机构,支持养老机构开展中医特色的老人养老保健、医疗、康复和护理服务,开展中医药健康养老服务试点,探索中医药与养老服务结合的模式。④

综上所述可知,在大健康的背景下,推动"医养结合"发展已成为新时期国家促进养老服务发展的一项重要任务,国务院及相关部委分别出台的指导政策和专项文件,明确了医养结合发展方向和具体措施,很大程度上为我国加快推进医养结合发展提供了有利的政策环境和制度依据。但是,政策制定出来需得以执行才能收到效果,而现有的政策文件中并未对相关

---

① 国家卫计委《养老机构医务室基本标准(试行)》和《养老机构护理站基本标准(试行)》,2014年。
② 民政部等《关于鼓励民间资本参与养老服务业发展的实施意见》,2015年。
③ 国务院办公厅《国务院办公厅关于印发全国医疗卫生服务体系规划纲要(2015-2020年)的通知》,2015年。
④ 国务院办公厅《国务院办公厅关于印发中医药健康服务发展规划(2015-2020年)的通知》,2015年。

政府职能部门在发展医养结合中的权责作出明确规定，这无疑将大大限制政策的可行性和可操作性，也是为数不少的医养结合政策难以落实的主要根源。此外，针对政策的评估监督机制缺乏也不利于政策的执行和完善。

（二）各地区发展"医养结合"实践模式

随着国家对发展医养结合服务的重视，各地区也在不断探索医养结合发展模式，并逐渐形成了符合本地区特点的模式。青岛市建立了长期医疗护理保险制度，江苏省出台省级专项政策布局医养结合服务网络，黑龙江在评估基础上将健康医疗嵌入养老服务，北京在机构和社区全面引入医疗服务，重庆医养结合模式实现了养老、医疗、护理、康复、职业培训一体化运作。

1. 青岛模式——长期医疗护理保险制度护航医养结合

青岛市通过建立长期医疗护理保险制度实现医养结合发展。2012年，青岛市出台《关于建立长期医疗护理保险制度的意见（试行）》，提出以城镇基本医疗保险为平台，以"医养结合"的养老机构、社区医疗机构为主体，开展居家医疗照顾和在院医疗护理服务。[1]青岛市将二三级医疗机构的"专护"、老年护理院等机构养老的"老护"、社区家庭病床的"家护"，统一合并为长期医疗护理保险制度。[2]

青岛市长期医疗护理保险制度是基本医保制度的延伸和拓展，保险基金的筹集来自城镇医疗保险基金统筹账户和个人账户，青岛市财政按照每年度2000万元的标准，从福彩公益金转到城镇居民长期医疗护理保险基金，单位和个人无须另行缴纳，患者发生的医疗护理费不设起付线。长期医疗护理保险覆盖所有参加城镇基本医疗保险的居民，"家护"和"老护"由护理保险基金支付96%、患者自付4%；"专护"由基金支付90%、自付10%。参保人在享受长期医疗护理保险待遇期间，不能同时享受基本医保住院、门诊大病、普通门诊等城镇基本医疗保险基金支付的相关待遇。

---

[1] 王赟、曹勇等.青岛市"医养结合"养老模式探索［J］，卫生软科学，2015（29）：p72-73。
[2] http://news.xinhuanet.com/fortune/2015-03/09/c_1114575928.htm。

青岛市针对长期医疗护理保险基金使用对象实施严格的资格准入和监管，以确保基金运行安全。

青岛市实施长期医疗护理保险制度，实现了医养结合，使老年人在享受养老服务的同时可以获得方便可及的医疗服务，减少了老年人的疾病风险和医疗费用负担。该制度使参保人的医疗护理需求得到制度上的保障，一定程度上减轻了医疗保险基金的支付压力，同时促进了"医养结合"养老机构的可持续发展[①]。

青岛市发展医养结合的做法实质上是通过制度设计，将在居家、社区和机构内发生的医疗护理费用纳入医疗护理保险的报销范围，主要解决了参保人员护理费用问题。该制度实施两年来，在满足老年人医疗护理需求方面取得良好成效，但也存在一些问题。具体体现在：一是护理保险覆盖范围有限，只针对参加城镇医疗保险的参保人员，而大部分没有参保城镇医疗保险的城镇老人和农村老人尚不能享受该服务；二是护理保险基金筹资渠道相对单一，可持续性难以保证，需要政府财政的支持；三是护理人才严重缺乏，年龄偏高，且工作人员流失严重；四是尚未建立科学的护理质量评价监督机制，不利于护理质量的提升。

2. 江苏——出台省级专项政策全面构建医养结合服务网络

2014年9月，江苏省出台《关于全面推进医养融合发展的意见》，提出科学合理统筹医疗卫生和养老服务资源。该意见从基层医疗卫生机构为老服务、养老机构加强医疗服务、康复服务建设、医护型养老机构建设、综合医院服务能力、为老服务专业医疗机构、中医药支持健康养老、基本医疗保险制度和长期护理保险制度等九个方面提出全面加强医养结合的举措。该政策的创新点是提出发挥中医药在健康养老中的作用，将养生保健和"治未病"的理念融入医养结合服务，这对于预防老年人患慢性病将产生重要的影响。综合来看，江苏省分别从加强机构建设、提升服务能力和

---

① 李杰. 青岛"医养结合"养老模式问题研究[J]，中国人力资源开发，2014（18）：p74-79。

创新制度设计三个层面促进医养结合服务的实现，政策内容较为全面，并尝试在全省建立完善的医养结合服务网络，在政策进展和理念宣传方面取得了很大的进展。

江苏省出台医养融合发展专项政策，为医养结合的发展提供了非常有利的政策环境和政府支持。但医养结合的核心是依据老年人不同的需求提供相应的服务，而该政策文件中没有提出针对老年人的服务需求建立评估制度和需求分级制度，只是笼统地说加强机构的医养结合服务，不利于实现老年人实际需求和服务供给的有效对接。

3. 黑龙江——健康医疗嵌入养老服务

从2015年开始，黑龙江省将在养老机构中优先设立医疗机构，实现医院和养老院的服务对接，针对老年人身体状况、自身需求、支付能力等，实行分类分级医疗卫生服务管理。黑龙江省采取三种措施促进医养结合发展：首先是对全省各类养老服务机构"医养结合"现状进行全面调查；其次是依托社区为老服务信息平台，建立城乡老年人健康档案；再次是鼓励社会力量创办"医养结合"型机构。逐步引导中端民办"医养机构"成为机构养老的主体。

黑龙江省探索民政建设、医疗经营的医养结合发展路径，对于新建公办养老机构开展医疗行业托管的可行性研究，符合条件即可交由医疗行业经营管理。支持医疗机构举办养老机构，政府对医疗机构自办养老机构、闲置医疗资源转办养老机构，给予政策优惠和资金支持。鼓励民办养老机构与医疗机构达成合作，使其具备基本医疗保险和医疗救助结算能力。[①]

相比其他地区，黑龙江省在发展医养结合服务方面实现了创新，建立了老年人服务需求评估制度，并实行分类分级的医疗卫生服务管理，可以实现医疗卫生资源的有效利用。另外，黑龙江省重点发展中端民办"医养机构"，既可以充分调动社会力量参与医养结合服务发展的积极性，同时也可满足大多数老人的医养结合服务需求。不足的是，黑龙江并没有对医

---

① http://hlj.china.com/focus/top/11155803/20150328/19438397.html.

养结合机构的监管出台相应的规章制度,医养机构的监管力度有待加强,可以引入第三方评估机构开展此项工作。

4. 北京——养老机构、社区居家全面引入医疗服务

为促进医养结合发展,北京市加强养老机构与医疗机构对接合作。2015 年,北京将完成 352 家养老机构与医疗机构的对接,同时组织首都医科大学宣武医院、北京市第一社会福利院、大兴区新秋老年公寓开展合作,推进面向养老机构的远程医疗政策试点工作。此外,北京将在各区县老年医院建立老年综合评估中心,对老年人的医养需求开展评估,确保有需要的老年人可享受医疗护理服务。

在促进居家养老医养结合发展方面,2015 年正式实施的《北京市居家养老服务条例》中明确规定,卫生计生部门负责完善基层医疗卫生服务网络,提出社区卫生服务机构为居家老人提供以下服务,包括建立健康档案,提供疾病预防、伤害预防、自救及自我保健等健康指导;开展家庭服务,对老年人常见病、慢性病进行综合管理;提供优先就诊和与其他医疗机构之间的双向转诊等服务;根据需要与社区托老所开展合作,为老年人提供签约式医疗卫生服务。[1]

整体看,北京市促进医养结合发展的力度较大,走在全国的前列,在政策引导、需求评估、资源配置等方面均有重大突破。未来需要加强的是督促这些利好政策和制度设计的具体落实,切实使老年人获得方便可及的医养结合服务。同时,北京市可以尝试建立长期护理保险制度,进一步减轻老年人护理费用的负担。

5. 重庆青杠老年护养中心——养老、医疗、护理、康复、职业培训一体化

重庆青杠老年护养中心是 2009 年国家发改委下达的基本养老服务体

---

[1] 据《北京市居家养老服务条例》,2015 年 5 月。

系建设试点项目，由重庆医科大学附属第一医院全资兴建，是全国第一家由大型公立医院主办并已正式运行的养老机构。2011年，重医一院护理院获批设立，并于2013年成为重庆市医疗保险定点服务机构。[①]青杠老年护养中心探索医养结合发展模式，在提供养老服务的基础上，利用重庆医科大学附属医院的医疗、护理、康复、教育培训等优势资源，实现了资源有效整合。

重庆医养结合模式的最大特点是整合了多种资源，实现了优势互补，可持续发展能力较强。实际上，养老产业是微利行业已成为普遍共识，通过多领域、多产业的融合可以提高利润率。重庆的医养结合模式充分整合了政府政策支持、医院、大学等资源，形成一体化的运作机制，解决了医养结合需要的医保报销通道、人才资源、医疗资源等。可以得知，医养结合可以有多种不同的创新模式，各地区可以依据本地区可利用的资源，探索个性化的医养结合发展模式。

（三）当前我国医养结合发展存在的问题

1. 政府相关职能部门交叉管理，政策难落实

我国医疗和养老体系长期处于割裂状态，卫生系统管理医疗，民政系统负责养老，导致养老机构和医疗机构出现功能单一现象，不能实现资源对接与整合。一般养老机构归民政部门审批和管理，社区居家养老服务由老龄办组织实施，医疗卫生机构归卫生部门认定和管理，医保报销由社保部门管理。各部门虽有职能分工，但仍存在职能交叉情况。

2. 老年人养老服务需求评估等级尚未建立

医养结合的核心是按照老年人的需求提供分级分类的服务，首先需要开展老年人养老服务需求评估，可以通过对老年人身体、心理和精神状况

[①] 邓庆、甘霖、任国胜.养老医疗护理康复职业培训融一体构筑"医养结合"养老新模式[J]，中国科技产业，2014（6）：p42-47。

进行评估，明确老年人需要的服务类型，在此基础上再科学制定相应的服务计划。目前全国尚未形成统一的老年人养老服务需求评估制度，政府和老龄研究相关部门需要加强这方面的研究和评估标准制定工作。

3.社区健康养老服务能力有待加强

社区居家养老是我国老年人养老的主要模式，当前城市社区设有社区医疗卫生服务中心，农村社区建有乡村医务室，在为老年人提供一些基本的药物和诊疗方面发挥了重要作用，但是针对老年人的健康管理、慢性病预防、康复和保健服务方面仍有较大的改进空间，需要配备相关的医疗卫生服务设施和器材，以及健康管理人才、康复人才的配备，也可以与综合医院开展合作，提供医生进社区巡诊服务。

4.养老机构缺少有资质医疗设施

城市公办养老机构和高端的民营养老机构内医疗设施相对较好，但是农村地区公办养老机构和普通民营养老院内医疗设备很差，甚至没有，而且也没有能力与相关医疗机构实现对接。对于社会办养老机构而言，本身就处于微利状态，基本没有多余的盈利配置医疗室或卫生室等医疗服务设施。政府相关部门应通过政策优惠、税费减免和财政补贴等形式减轻养老机构成本。此外，目前对养老机构设置医疗机构的门槛要求较高，需要适当降低标准，提升医疗设施在基层养老机构内的普及率。

5.养老护理人才缺乏

当前，我国工作在一线的养老护理员多数面临着工作劳动强度大、福利待遇低、职业发展路径不清晰、社会地位低等困境，从而导致养老护理员流动率和流失率较高，出现养老护理人才严重缺乏的局面，这极大地限制了医养结合在我国的发展，需要突破现有养老护理人才发展的政策瓶颈，切实推进养老护理人才队伍建设。

6. 医保支持政策衔接不畅

养老机构内设的医疗机构发生的费用不能走医保报销，多数养老机构内的医疗室不具有医保资质。这种现象的存在，一方面使老年人更愿意在医院就医，导致医院内大量老年患者压床现象出现，过度医疗明显存在；另一方面也不利于养老机构积极配置医疗设施。

7. 传统的医养观念需要转变

营养在预防疾病和促进康复方面意义重大，但是就"养"而言，目前我国的养老观念和技术仍以基本生活照料为主，老年人的营养膳食缺乏个性化和科学性，很难实现通过科学医养防治疾病。"医"的方面也差强人意，目前的医学还不能实现常见病、重大疾病的预防或者治未病，加之养老机构水平的限制，医养结合的效果不够理想。医疗要从疾病本位向健康本位转变，加强"治未病"的思想，采用个性化科学营养和中医养生方法实现内外结合，提高疾病康复的效果。

三、国外医养结合的模式及经验启示

发达国家更早进入老龄社会，且经济发展水平更高，如日本在应对人口老龄化的过程中，逐步形成了具有医养结合性质的长期照护体系。该体系充分整合了养老支持系统、医疗服务系统和福利服务系统，为老年人提供综合性的养老保障服务。美国则形成了综合性较强的连续护理型退休社区（CCRC），使老人在熟悉的社区环境中享受全面的社区居家养老服务。本文将选取日本和美国作为典型代表，探讨与分析其成熟的经验与模式，以资借鉴。

（一）日本——介护保险制度构筑系统的医养结合服务体系

日本医养结合的最大特点是建立了介护（长期护理）保险制度，该制度将本国 40 岁以上公民纳入该制度中，采用强制征收方式确保长期护理保险基金的资金来源。通过对老年人开展科学合理的服务需求评估，为有需要的老年人提供多元化的长期照护服务。

介护保险费 50% 由国家负担，其余 40% 依靠各地上缴的介护保险承担，使用者自付 10%。日本参加介护保险的人员患有指定疾病时，即可申请护理评估，调查员根据评估申请登门就申请人的身体、心理、家庭护理能力及医疗处置等开展评估，调查内容包括概况调查、基本调查和特别项目调查三个方面。基本调查主要评估身心障碍程度和医疗情况。日本将老年人的护理级别分为 8 级，即自立、要支援Ⅰ、要支援Ⅱ、要介护Ⅰ~Ⅴ级。其中将护理级别要支援Ⅰ及以上等级的老人认定为有护理需求的人。[1]

日本介护保险为接受居家服务和设施服务的老年人提供护理费用给付，居家服务项目包括日间照顾、日间看护、日间康复、居家医疗管理等，设施服务主要是在介护福利型、保健型和疗养设施中接受的服务项目。近年来，随着人口老龄化程度快速加深，日本不断对介护保险制度进行修订和改革，以确保制度的可持续性，建设更具活力的超高龄社会，同时促进社会养老保障的综合化。

综上可知，日本通过介护保险制度构建了一套完整的长期护理服务体系，满足不同层次和需求的老年人的护理服务，从制度设计上实现了医养结合的目标。中国可以借鉴日本的介护保险制度，在地方试点建立长期护理保险制度。探索建立老年人护理需求评估制度和老年长期护理分级标准体系，促进医疗护理资源的有效使用，同时满足老年人多层次、多元化的医养需求。此外，参照日本介护设施的发展模式，在社区内建成提供不同服务项目，服务不同护理级别老人的医养结合型服务中心，使社区成为居家和机构之间有序转换的中介机构，尽量减少生活不自理老人对机构的依赖。

---

[1] 邓庆、甘霈、任国胜. 养老医疗护理康复职业培训融一体构筑"医养结合"养老新模式[J]，中国科技产业，2014（6）：p42-47。

（二）美国——连续护理型退休社区（CCRC）提供全面医养结合服务

在美国，连续护理型退休社区（Continuing Care Retirement Community）已发展了一百多年，这是一种综合性较强的复合型社区，它包含了老人从退休到临终关怀所需要的一系列的居住设施和服务机构。该类型社区是面向60岁以上退休老人的居住社区，为老年人提供全方位的生活、照护服务，社区中有独立的老年住宅、援助式老年人居住模式和长期医疗护理模式。[①]老年人最初入住的时候多为健康尚具活力老人，随着年龄增长，身体健康状况逐渐衰弱，就可以搬到专业的护理设施中，当身体康复后又可搬回原来独立的居住单元。

美国CCRC社区由独立式居住单元和公共机构组成，包括独立居住单元、集中居住单元、援助式居住机构、阿尔兹海默症患者居住机构及长期护理居住机构。其中，CCRC社区中协助生活、专业护理和失智护理等设施的设计，特别注重给老人提供居家生活的感觉，而不是医院的氛围。[②]同时针对不同住户的需求，提供指导性或一对一的照护，尽可能为老人提供独立的生活方式。

这种模式可以使老年人在自己所熟悉的社区内接受不同类型的医养结合服务。目前中国尚没有建设针对老人的居住社区，失能老人的护理需求主要在机构中得以满足，部分房地产商近年来在探索开发适老型住宅，但与美国CCRC养老模式差异很大。事实上，美国CCRC养老模式的形成也经历了很长时间的发展过程，并且不同住宅和设施类型的设计受到政策法规、医疗保险及老年人需求的影响。同时，美国崇尚的个人自由主义文化也在客观上促进了这种养老模式的形成。中国老年人的家庭观念根深蒂固，短期内难以改变，可以借鉴美国CCRC模式开发符合我国国情的全龄宜老社区，针对不同年龄人群开发不同类型的住宅。对于老人群体，除了建设适老住宅外，还需要建设相关的医护设施，满足老年人医疗护理需求。这

[①] 王青梅.美国连续护理型退休社区模式探析，城市建设理论研究[J]，2012年6月。
[②] Alexis Denton、Joyce Polhamus、陈鸥翔，探讨美国CCRC养老模式及其在中国的前景[J]，建筑技艺，2014（3）：p52-55。

种模式既能满足老人对家庭氛围的渴求，也能使其享受医养结合性养老服务，提高晚年生活质量。

（三）日美两国发展医养结合服务模式的启示

与上述两个国家相比，中国老龄化程度相对较低，但经济发展水平也较低。日本和美国的医养结合模式各有特色和优势，对发展我国的医养结合很有启发。与日美不同的是，中国在很大程度上面临着"未富先老"的现状，特别是在欠发达地区。基于这一事实，中国在借鉴国外先进经验和模式时务必考虑中国的基本国情。

综合来看，中国目前缺少关于医养结合的法律法规和制度设计，这方面可以借鉴日本相对完善的法律体系和介护保险制度。美国的CCRC养老模式对于在我国开发全龄社区很有启迪，目前中国政府也在地方试点建立类似的大型全龄宜老社区养老项目工程，可以充分借鉴美国CCRC的建筑设计和运作模式，使更多老人在自己熟悉的社区即可享受全面的医养结合服务。

四、推进我国医养结合养老模式发展的政策建议

在国家倡导发展大健康产业的背景下，医养结合将是未来我国重点发展的健康领域。在大健康的框架下，相关部委要密切合作，实现政策衔接。同时要认识到，医养结合是一项系统工程，面对我国地区差异显著的现实，切勿搞一刀切，应鼓励各地区结合本地实际创新医养结合发展模式，避免资源浪费。综合上述医养结合政策的发展现状、国内外医养结合发展的实践及当前我国医养结合发展面临的问题和挑战，本文拟从以下几个方面为我国"医养结合"未来发展方向提出建议：

1. 突破现有政策瓶颈，提高政策可操作性

近几年，国务院及国家相关部委就医养结合出台多项政策，很大程度

上有利于医养结合的发展。但是，这些政策仍旧较为宏观，可操作性不强，地方部门和机构很难具体落实这些政策。因此，需要进一步出台专项规划或政策，细化医养结合发展的政策支持、发展路径与实施措施。另外，长期护理保险制度、养老护理人才培养、医养结合机构管理与监督等均需要出台相关法律文件。

2. 强化社区医疗服务功能，加大财政投入，完善社区医疗设备和人才配备

社区居家养老是我国社会养老服务体系的主体，但目前我国的社区医疗卫生设施和养老设施均面临服务能力不足的问题，政府需要加大财政投入，提升社区机构和设施的服务能力，促进社区医疗资源和养老资源的有效对接。同时以社区医疗卫生服务中心为主，加强社区医疗康复服务全程监管和营养配餐监管。

3. 建立老年人养老服务需求评估制度，合理配置医养结合服务资源

政府及老龄研究部门需要协助社区建立老年人养老服务需求评估制度，将社区老年人的养老服务需求实施分类管理，社区卫生服务中心和养老服务中心结合老年人需求设置分级分类的医养结合服务体系。如针对健康老人，主要在家庭和社区内提供相应的老年病预防、健康管理等服务，满足其基本的医养结合服务需求；针对半失能老人，可在社区内设施中提供医疗康复和护理服务，或者通过家庭病床的形式提供上门护理服务；针对完全失能或失智老人，他们需要专业的护理服务，可以安排其入住专门的护理院或养老机构，接受专业的医疗护理服务。

4. 创新医疗机构为老服务模式

提高医疗机构的为老服务能力是我国医养结合发展的重要内容，二级以上医院本身已经面临较大的医疗供给压力，如果额外设置老年病科室会

造成更大的资源紧张，不利于服务能力的提升。可以通过建立三甲老年病医院，下设派出机构与临近的养老机构开展合作，这些老年病医院及派出机构不仅为老年人服务，也面向其他社会群体开放，扩大服务人群。同时，鼓励大型医院派医生到养老机构服务，并逐渐形成稳定的制度。加强中医与养老服务的结合，鼓励中医诊所开展养老护理服务。

5. 试点建立长期护理保险制度

鼓励地方先行先试，采取多种方式探索建立长期护理保险制度，减少老年人的护理费用负担；同时，进一步推动医疗保险改革，实现"医保费用"和"护理费用"的分离，减少"压床"现象，实现医疗资源和护理资源的最大化利用。

6. 加强医养结合人才队伍建设

应加快老年医学、老年护理等相关学科发展和人才培养，国家加大力度集中建设一批老年医学学科、院校，为专业人才培养提供平台。同时，需要加强养老服务类行业人员职业技能培训力度，政府相关部门给予培训补贴，提高从业人员职业技能。此外，还需要提高养老行业从业人员待遇，拓宽职业发展路径和就业渠道，为行业健康发展留住更多专业人才。

7. 试点开发建设全龄化宜老社区

借鉴美国CCRC模式，试点建设全龄化宜老社区，科学设计住宅分布和养老模式，有效利用社会公共设施和资源。在全国挑选试点建立全龄宜老社区，在社区内建设若干适老化住宅或老年公寓，配建护养中心、医疗护理中心、失智老人康复中心等老年医疗护理服务机构。按照一定的配比，合理安排不同年龄住宅，形成老年人与其他年龄人群混居的社区，鼓励家庭成员与老人就近居住。

8.鼓励开设临终关怀机构

就养老本身而言，维持健康、促进康复和临终关怀是三个重要的环节，目前国内医养结合发展重点关注了前两个方面，对临终关怀的关注远远不够。政府应出台优惠政策鼓励社会力量创办临终关怀机构，完善医养结合服务的最后环节。同时可以引导宗教机构或团体创办临终关怀机构，发挥宗教在临终关怀服务中的作用，使更多老人可以在安详中度过生命的最后阶段。

（作者简介：杜鹏：男，中国人民大学老年学研究所所长；研究领域：社会老年学与老龄政策，13501275637，dupeng@ruc.edu.cn。

王雪辉：女，中国人民大学老年学博士研究生；研究领域：老龄政策与养老服务，18810603949，wxhui2008sdu@163.com。）

参考文献

［1］王素英等，医养结合的模式与路径——关于推进医疗卫生与养老服务相结合的调研报告［J］，社会福利，2013（12）：p11-14。

［2］米红、杨明旭."医养结合"内涵界定需要明确六个问题［N］，中国社会报，2015年3月23日第004版。

［3］杨景亮，建立老年人医养结合服务模式的冷思考［N］，中国劳动保障报，2012年9月21日。

［4］国务院办公厅，《社会养老服务体系建设规划（2011-2015年）》，2011年。

［5］全国老龄办，《中国老龄事业发展"十二五"规划》，2011年。

［6］中华人民共和国第十一届全国人民代表大会，《中华人民共和国老年人权益保障法》，2012年。

［7］国务院，《国务院关于加快发展养老服务业的若干意见》，2013年。

［8］国务院，《国务院关于促进健康服务业发展的若干意见》，2013年。

[9] 国家发改委、民政部和国家卫计委,《关于组织开展面向养老机构的远程医疗政策试点工作的通知》,2014年。

[10] 国家发改委、民政部和财政部,《关于加快推进健康与养老服务工程建设的通知》,2014年。

[11] 国家卫计委,《养老机构医务室基本标准(试行)》和《养老机构护理站基本标准(试行)》,2014年。

[12] 民政部等,《关于鼓励民间资本参与养老服务业发展的实施意见》,2015年。

[13] 国务院办公厅,《国务院办公厅关于印发全国医疗卫生服务体系规划纲要(2015—2020年)的通知》,2015年。

[14] 国务院办公厅,《国务院办公厅关于印发中医药健康服务发展规划(2015-2020年)的通知》,2015年。

[15] 王赟、曹勇等,青岛市"医养结合"养老模式探索[J],卫生软科学,2015(29):p72-73。

[16] 李杰,青岛"医养结合"养老模式问题研究[J],中国人力资源开发,2014(18):p74-79。

[17] 陈毅俊、张静芬等,日本介护保险制度及其对我国的启示[J],中国基层医药,2005(12):p362-364。

[18] 张莹,日本介护保险制度中老年长期护理分级标准研究[J],中国全科医学,2011(14):p2544-2545。

[19] 孙皎、安力彬、李文涛,日本介护保险制度的发展及对我国居家养老服务的启示[J],人口学刊,2013(35):p91-95。

[20] 王青梅,美国连续护理型退休社区模式探析,城市建设理论研究[J],2012年6月。

[21] Alexis Denton、Joyce Polhamus、陈鸥翔,探讨美国CCRC养老模式及其在中国的前景[J],建筑技艺,2014(3):p52-55。

第七章　中国老人的社会参与：
理论、政策与现状

谢立黎

传统的老年观对老年人和养老方式的理解较为消极，认为大部分老年人代表的都是依赖、抑郁和痴呆，相应的养老方式就是被动地接受服务。这些理解过于片面，否认了老年人的主动性和创造性。事实上，随着健康状况和受教育程度的不断提高，越来越多的老年人不仅仅满足于生理、安全需求的实现，他们发展出更高的自我实现需求，希望以各种不同的方式积极参与到养老中。根据世界卫生组织提出的积极老龄化框架，老年人社会参与同健康和保障一起被定为积极老龄化的三大支柱。老年人通过社会参与更能够充分有效地与社会保持联系，是新时代下的重要养老方式之一。

一、老年人社会参与的概念与范围界定

（一）概念界定

从广义上来讲，老年人不论以何种形式保持与社会的联系都属于社会

参与活动。①具体来说，老年人社会参与是指老年人在社会互动过程中，通过社会劳动或者社会活动的形式，实现自身价值的一种行为模式。②从这一界定来看，老年人社会参与涵盖三大核心内容：第一，社会参与是与他人联系的，而非孤立的；第二，社会参与是指参加在社会层面开展的活动；第三，老年人通过社会参与能够体现自身价值。

（二）老年人社会参与的范围

老年人社会参与的形式丰富，不同学者对老年人社会参与的范围界定也有多种意见。例如，邬沧萍、杜鹏等人从社会经济发展的角度，认为老年人社会参与内容包含参与经济、政治、社会和文化发展几个方面；③李宗华则从老年人自身的特点和能力出发，认为老年人社会参与的范围包括经济活动、社会文化活动、人际交往活动和社会公益活动；④还有学者将家务劳动也作为老年人社会参与的一部分。⑤不同学者在界定社会参与范围时主要的观点差异集中在两点：第一，社会参与是否应该有报酬？第二，家务劳动是否属于社会参与？结合上文给出的老年人社会参与的定义，笔者认为有没有报酬并不是界定社会参与的关键，只要是在社会层面的互动活动中实现了老年人的自身价值，无论有没有报酬都可以算作社会参与。家务劳动发生的范围主要在家庭范围内，在社会层面与他人的互动较少，尽管老年人在这一过程中也创造了价值，是老有所为的一种体现，但笔者认为家务劳动并不适合作为社会参与的一种途径。综上所述，本文中所涉及的社会参与范围包括经济活动参与、公益活动参与、休闲文化活动参与和政治活动参与。

---

① 邬沧萍、杜鹏、姚远、姜向群.社会老年学［M］，北京：中国人民大学出版社，1999。
② 张恺悌、姚远、郭平、王莉莉.中国城乡老年人社会活动和精神心理状况研究［M］，北京：中国社会出版社，2009。
③ 同2。
④ 李宗华.近30年来关于老年人社会参与研究的综述［J］，东岳论丛，2009，（8）。
⑤ 杨宗传.再论老年人口的社会参与［J］，武汉大学学报，2000，（1）。

二、老年人社会参与的意义

老年人社会参与的意义是多方面的。对老年人个体而言，社会参与不仅是体现自我价值、实现老有所为、老有所乐的重要途径，还有助于提高其健康水平、生活满意度，减少退休不适应带来的郁闷和焦虑情绪，降低死亡率等[1][2]。此外，社会参与也是老年人继续社会化的途径之一，可以帮助老年人学习了解新鲜事物，不断适应社会的发展与环境的变迁。对家庭而言，老年人社会参与能够减轻子女的养老负担，有助于家庭关系的和睦。对社区而言，老年人社会参与是社区治理的重要组成部分，老年人通过提供社区服务、参与社区自治，不仅为社区发展贡献了一份力量，更重要的是在社区中为青年人树立了良好的榜样。此外，老年人通过参与经济活动、公益活动还可以为社会创造经济价值。例如，根据美国最新数据，65岁及以上的人口在2013年提供了共计1.872亿小时的志愿服务，按照每小时22.55美元的价值计算，2013年老年志愿服务产生的经济价值高达42.21亿美元。由此可见，老年人参与志愿活动具有非常重要的个人价值、社会价值和经济价值，是实现积极老龄化的重要组成。

三、老年人社会参与的理论视角

老年学、社会学的一些重要理论有助于帮助我们理解老年人社会参与的原因。

脱离理论（Disengagement Theory）认为，人的能力会随着年龄的增高呈逐步下降的趋势，因此，为了避免老年人因能力下降不得不面对生活中

---

[1] Morrow-Howell, N., Hinterlong, J., Sherraden, M., Tang, F., Thirupathy, P., & Nagchoudhuri, M. (2003).Institutional capacity for elder service. Social Development Issues, 25（1/2）, p189-204.

[2] Lum, T. Y., & Lightfoot, E. （2005）. The effects of volunteering on the physi—cal and mental health of older people. Research on Aging, 27, p31-55.

的角色丧失，老年人应该主动脱离原有的社会环境，扮演比较次要的社会角色。从这一理论视角出发，老年人到了晚年的社会参与应该远离对能力要求期望较高的活动，如继续工作、志愿服务等。

活动理论（Activity Theory）则与脱离理论正好相反，该理论强调老年人应该积极参与社会，并以新的角色取代因退休、丧偶等失去的角色。这一理论为老年人积极参与社会各项活动提供了理论支持，但该理论的出发点强调的是老年人对社会的适应，忽略了老年人自身个性特征在社会参与中的影响。

连续理论（Continuity Theory）可以看作是在上两种理论基础上的又一次延伸。该理论更加注重老年人自身个性在社会参与中的影响，认为老年人在晚年的生活方式很大程度上是对中年时期生活方式的一种延伸。原来个性就比较外向活泼者，进入老年期后会积极参与到各项社会活动中；而原本个性就比较内向沉稳者，进入老年期后参与社会活动的热情相对比较弱。这一理论能够帮助我们理解为什么老年人社会参与程度存在差异。

社会交换理论（Social Exchange Theory）认为，确定老年人地位的关键因素在于他们对于社会的贡献和社会为支持他们所付出的成本之间是否平衡。由于社会结构、角色和技能随年龄的加大而变化，老年人拥有的可在社会关系中增加份量的资源不多。缺少可以交换的资源和价值成为老年人地位下降的主要原因，而如何保持现有的资源是提高老年人地位的根本。老年人通过社会参与对于保持其现有的资源有着重要的影响。例如，参加工作、加入志愿组织或者继续学习，是老年人扩大社会关系网络、增加人力资本的一种方式。该理论有助于解释老年人社会参与的内在动机。

理性选择理论（Rational Choice Theory）认为，无论是在经济行为还是在其他社会性行为中，人们总是试图以最小的成本获得最大的收益或者满足。老年人对于物质的渴求并没有青年人那样激烈。在满足了基本的生理需求后，老年人不会追求更高的物质消费，因为它的边际效用是递减的，他们更愿意投身到志愿服务、兴趣爱好培养等可以获得精神满足的活动上。

四、老年人社会参与的相关政策

新中国成立后,第一项涉及老年人社会参与的政策是 1958 年政府颁布的《关于安排一部分老干部担任某种荣誉职务的决定》,这一决定拉开了我国老年人继续参与社会的新帷幕。1986 年,我国颁布了《支持离退休专业技术人员继续发挥作用》的暂行规定,该规定较上一政策在参与对象上有了一定的扩大。进入 20 世纪 90 年代以后,我国对老年人社会参与的政策支持力度不断加大,例如,1996 年我国颁布了《中华人民共和国老年人权益保障法》,这是我国历史上第一部专门针对老年群体的法律。其中,第四章专门对老年人"参与社会发展"进行了规定,强调社会应该重视和珍惜老年人的知识经验,发挥老年人的专长和作用。这一法律的出台规定了社会参与是我国全体老年人的一项基本权利。2001 年,国务院发布了我国首部老龄事业发展规划《中国老龄事业发展"十五"计划纲要》(2001—2005),《纲要》明确提出要"鼓励老年人继续参与社会发展",并对城市和农村的老年人参与分别提出了详细要求。2002 年,联合国举行第二届世界老龄大会后,积极老龄化的内涵被写进了政治宣言,社会参与和健康、保障共同成为积极老龄化的三大支柱,社会参与成为实现积极老龄化、老有所为、老有所乐的重要途径。2006 年,全国老龄委发布的《中国老龄事业发展"十一五"规划》(2006—2010)中(以下简称《规划》),对老年人参与社会经济发展提出了明确要求,《规划》要求各地"积极开发老年人才市场","开拓老年人才参与社会的渠道"。2012 年 12 月,我国颁布了新的《中华人民共和国老年人权益保障法》(以下简称新《老年法》),修订后的法案在原有基础上,对老年人参与社会发展进行了更为详细的法律界定,明确指出国家和社会要保障老年人参与经济、政治、文化和社会生活。此外,新《老年法》还"把老年教育纳入终身教育体系,鼓励社会办好各类老年学校",并"开展适合老年人的群众性文化、体育、娱乐活动"。可以说,新《老年法》对老年社会参与的范围、活动内容进行了更为详细和全面的规定，为进一步推动老年社会参与提供了非常重要的法律保障。

五、老年人社会参与概况

（一）经济活动参与

继续就业是老年人参与经济活动的最主要方式。1990年第四次人口普查时，中国60岁及以上老年在业人口总数仅为2768.4万。2000年第五次人口普查时，60岁及以上老年在业人口总数已增加至4290.8万人，10年间60岁及以上老年就业人口增加了1522.4万人，增长幅度高达55.0%。根据2010年第六次人口普查结果推算，全国60岁及以上老年在业人口已经增至5372.6万人。[①]其中，60.96%为男性老年人，只有39.04%为女性老年人，男性老人继续就业比例远远高于女性老人。从分城乡的角度来看，城乡老人在经济活动参与率上存在显著差异，31.2%的农村老人目前仍从事有收入的工作/劳动，而城镇只有5.3%，农村老人从事有收入的工作、劳动的比例约为城镇的6倍。[②]在城镇，将近七成的人是因为已经离休或退休，所以未继续参与有收入的工作/劳动；而在农村，超过六成的老人是因为上了年纪所以没有继续参与有收入的劳动。这一差异与我国的政策制度密切相关，根据我国的退休制度，男性满60岁，女性满50岁或者55岁之后就必须离开工作岗位，因此城市老年人60岁以后仍在工作的比例骤降。而农村没有强制退休政策，同时由于老年人经济收入来源单一、社会保障水平低，因此农村老年人一般都是活到老干到老，直到因为身体原因不能继续劳作之后才会停止。

有趣的是，尽管农村老年人仍在劳动的比例很高，但事实上有九成以上的农村老年人并不想继续劳作。相反，城市老年人中愿意参与经济活动

[①] 姜向群、杜鹏. 中国人口老龄化和老龄事业发展报告 [M]，北京：中国人民大学出版社，2013。
[②] 数据来源：全国妇联、国家统计局：2010年第三期中国妇女社会地位调查。

的老年人比例为24.2%，远远高于其实际在业率。[①]可见，城市老年人的就业意愿较为强烈，但是目前能够满足其经济活动参与需求的途径仍非常有限。老年人寻找工作的方式主要通过亲朋好友介绍或其他非正式方式，通过招聘会、职业介绍所等正式途径找到工作的比例几乎为零。[②]农村老年人虽然劳动参与率很高，但大部分却属于一种"被劳动"的状态，因此需要通过不断完善农村社会保障制度，创造更多元化的收入来源去解决。

在业老年人中，绝大多数所从事的行业属于第一产业，可见农业仍然是我国老年人就业的主要行业。从职业分布情况来看，87.07%的老人是农林牧渔水利业生产人员，其次是商业、服务业人员，占4.99%，还有4.67%的老年人从事生产、运输设备及相关职业，而办事人员和有关人员、专业技术人员、国家机关、党群组织、企业和事业单位负责人的比例均小于2%。

（二）公益活动参与

公益活动指老年人以个人身份或者通过志愿者团体、社区、街道以及其他社会组织团体等形式自觉自愿参与的、无偿的服务、劳动或其他援助性活动。通过参与公益活动，老年人能够将自己积累一生的知识技能和人生经验贡献给社会，同时也在参与社会的过程中保持和扩展与社会的联系、继续学习新的知识。我国现有的老年公益活动类型主要包括由政府、非政府组织和社区开展的志愿活动，其中社区公益活动主要涉及社区治安巡逻、环境保护、照料其他老人和小孩、专业技术志愿服务等。

"银龄行动"是我国政府组织实施的一项全国性老年志愿服务计划。该志愿服务计划以老年知识分子为主体，通过发挥他们在农业、医疗卫生、工业、科技等方面的专业知识和技术，为西部地区和欠发达地区的发展提供援助。截至2013年，"银龄行动"的受惠面已经覆盖全国31个省、市、自治区，累计参加服务的老年志愿者达500万人次，受益群众3亿多人次，

---

① 数据来源：张恺悌、姚远、郭平、王莉莉.中国城乡老年人社会活动和精神心理状况研究[M]，北京：中国社会出版社，2009。
② 数据来源：国家统计局：2006年中国劳动统计数据。

为社会创造的经济价值高达 80 多亿元。①另一项全国性的"爱心助成长"老年志愿服务项目是以健康低龄老年人为主体,通过在社区、文化场馆、爱国主义教育基地开展德育教育、关爱行动等,为未成年人健康成长多办实事、好事。由于我国老年志愿组织发展还较为滞后,正式志愿服务的发展还非常有限,往往只有"精英"老年人有机会参与其中,因此普通老年人群体参与这类志愿服务受到较大局限。

随着社区自治功能的不断完善,社区逐渐成为大部分城市老年人参与公益活动的重要平台。根据中国老龄科研中心 2010 年"中国城乡老年人口状况追踪调查"数据,城市老年人中有 41.2% 参与了社区公益活动,相比 2000 年 38.7% 有所提高。其中,参与两项及以上的老年人比例占参加人数的 60.7%。从参与公益活动内容来看,参与比例最高的活动是邻里互助,有 32.0% 的老年人参加,之后依次是社区清洁(14.9%)、纠纷调解(14.5%)、志愿机构在社区开展的服务(13.9%)、治安巡逻(7.9%)和青少年教育(5.7%)。由于老年男性和女性的个性、体质、兴趣爱好等不同,在不同类型社会公益活动中的参与率也存在显著差异。男性更愿意参加与社区安全有关的活动,如治安巡逻和纠纷调解,女性则更愿意参与社区清洁、邻里互助和青少年教育等相对更感性、细腻的公益活动。由于农村地区居住较为分散、社会组织发展更加滞后,公益活动在农村地区不太普遍。根据中国人民大学 2014 年"中国老年社会追踪调查"数据,农村老年人参与的公益活动主要以邻里互助为主。例如,排名前三的互助活动分别是陪同聊天(61.0%),帮忙照看他人的小孩(18.4%),调解纠纷(14.22%),而参加需要专业技术的志愿服务的农村老年人口比例仅为 1.0%。

(三)休闲文化活动参与

老年人休闲文化活动参与形式非常丰富,所覆盖的范围包括知识、兴趣、健康、娱乐、文化等活动。老年教育能够帮助老年人全面提高综合

---

① 孙鹃娟、梅陈玉婵、陈华娟.老年学与老有所为:国际视野[M],北京:中国人民大学出版社,2014.

素质，是对"活到老，学到老"这一理念的积极实践，旨在开创健康、快乐、进取和有作为的晚年生活。在我国，老年大学是老年教育最主要的形式，主要以培养和满足老年人的兴趣爱好为主。2010 年，我国参加老年大学的 60 岁及以上人口比例占老年人口的 7.1%，导致参与比例低的主要原因之一是因为老年大学的建设还非常稀缺。例如，53.9% 的城市老年人反映附近没有老年大学，农村老年人附近没有老年大学的比例更是高达 86.2%。与 2000 年相比，老年大学在城市的覆盖率从 38.7% 提高到 2010 年 46.1%，在农村的覆盖率从 6.7% 提高到 13.8%，[1]尽管如此，老年大学覆盖率低依然是阻碍老年人参与终身学习的重要原因。从性别差异来看，男性老年人和女性老年人参加老年大学的比例近似，没有显著差异。

休闲娱乐活动参与是老年人再社会化和自我教育的一种途径，也是老年人利用闲暇时间、提升生活质量、丰富晚年生活的重要方式。总体来看，我国老年人偏向于参与受场地限制少、形式简单的休闲娱乐活动，如听广播、看电视、散步、读书看报等。还有四分之一左右的老年人喜欢休闲、兴趣类的活动，如逛公园、种花养宠物、打麻将下棋等。只有不到 10% 的老年人喜欢参加唱歌跳舞、保健操、太极拳和旅游等对体力和健康要求较高的活动。由于受到基础设施、娱乐场地等条件的限制，加之文化水平的差异，农村老年人的休闲娱乐文化活动主要集中在听广播、看电视和散步，而其他活动的参与程度明显低于城市老年人。从分性别的角度来看，与男性老年人相比，女性老年人更喜欢参加一些群体性、运动型的活动，如唱歌跳舞、逛公园，保健操，而男性老年人则偏向于参加一些个体性、静止型的活动，如读书看报、看电影听戏、种花养草、打牌下棋等。

（四）政治活动参与[2]

政治参与是公民或团体试图影响政府决策和人事结构的行为，包括投票、游行、参与政府的运行管理等。在我国，老年人最普遍的政治参与方

---

[1] 数据来源：中国老龄科研中心：2010 年中国城乡老年人口状况追踪调查。
[2] 数据来源：全国妇联、国家统计局：2010 年第三期中国妇女社会地位调查。

式为参加选举投票。随着老年人口占总人口比例不断增高，老年群体在政治选举中所处的地位将越来越重要。数据显示，49.7%老年人近5年内参与过人大代表选举，70.6%老年人近5年内参与过基层村民、居民委员会的投票选举，老年人的人大代表投票率低于基层选举投票率。马克思主义政治参与观认为，利益驱动是人们参与政治活动的根本动力，老年人较高的基层选举参与率与基层民主建设的不断完善息息相关，村居委会在社会公共事务特别是公共服务方面发挥了重要的作用，老年人积极认真地参与村居委会委员的选举、推选出自己信任的委员，将有助于他们更好地参与和获得相应的公共服务和支持。

分城乡来看，城乡老人在政治活动参与率上存在显著差异。其中，参与人大选举的农村老人有52.7%，城市老人有46.9%，城市老人参与人大代表选举的比例略低于农村。参与基层选举的农村老人有83.1%，城市老人仅有58.3%，低于农村老人。相较而言，农村老人政治选举活动的参与率高于城市老人。这与城乡二元体制相关。在我国农村地区，随着村民自治的发展，以地缘关系、血缘关系为基础的村委会选举有较高参与率；而在城镇地区，居委会以行政规划为基础，居民社区认同感相对缺乏，参与居委会选举的动力不足，城市居委会选举参与率较低。

分性别来看，不同性别老人的政治活动参与率上存在显著差异。男性老人参与人大代表和基层选举的比例均高于女性老人，相差约5个百分点，男性老人的政治参与积极性高于女性老人。具体分析不同性别老人的投票情况发现，在参与人大代表选举的老人中，男性老人选择自己投票的比例高于女性老人，其中近八成的老年男性在了解候选人的情况下投出的选票，其投票质量明显高于女性。另外，城镇老年妇女的政治选举参与质量明显高于农村老年妇女。六成以上的城镇老年妇女选择自己投票并了解候选人情况，而自己投票并了解候选人情况的农村老年妇女仅占四成。而让别人代投、选谁都无所谓的农村老年妇女比例也明显高于城市老年妇女，农村老年妇女的政治参与依赖性强，这种差异与城乡老年妇女的受教育水平、社会经济地位紧密相关。

六、老年人社会参与的特点

(一) 中国老年人口整体社会参与比例不高

从各项活动参与情况来看,休闲娱乐活动参与率最高,其次为政治活动、公益活动,最低的是经济活动。总体而言,我国老年人社会参与比例仍然较低,这既与老年人自身的主观能动性有关,也与社会环境密切相关。尊敬老人本是我国优良的传统文化,但一些善意的歧视(positive discrimination)使得老年人只被视为被关怀照顾的对象而并非具有主动性的群体。另一方面,适合老年人外出的环境和参与的机会也会在很大程度上影响老年人的社会参与。

(二) 中国老年人经济活动参与存在明显城乡差异

我国城市老年人主要从事的是第二和第三产业的经济活动,而农村老年人则以第一产业经济活动为主。城市和农村都存在就业率、劳动率和就业、劳动意愿之间的矛盾。城市老年人就业率低,但就业意愿较为强烈;农村老年人劳动率高,但实际劳动意愿并不高。因此,城市经济活动参与途径的不成熟和农村养老保障水平的落后造成了城市老年人"无处工作"和农村老年人"被劳动"的窘迫情形。

(三) 中国老年人公益活动参与平台社区成为主力

综观我国现有的老年志愿活动,主要是以社区服务为主,组织的主体一般是居委会,老年人参与热情较过去虽有较大提高,但由于社区内开展的服务具有较强的行政色彩,而且在专业性和支持性方面都还比较欠缺,不能最大程度地激发老年人的能动性和潜在能力。政府组织的老年服务计划只适合小部分"精英"老年人参与,政府组织、志愿者组织等机构还未完全意识到老年志愿者是一笔宝贵的人力资源,因此尚未形成适合广泛老年人参与的公益活动。随着老年人口受教育程度、健康水平、经济状况等条件不断提高，我们更需要加强公益组织的机构能力建设，为老年人参与公益活动提供足够的支持和帮助。

（四）中国老年人休闲文化活动参与项目单一

我国老年人对休闲文化活动参与的积极性非常高，几乎所有老年人都参与到不同的项目中，包括教育、兴趣、体育、休闲等方面。但是我国老年人参与的内容主要集中在听广播、看电视、散步、读书看报等活动，这些活动对体力健康、知识技能、经济条件和外部环境要求不高，尤其是农村老年人，受外部环境限制导致的活动单一的情况尤为明显。对大部分老年人而言，休闲文化活动是日常生活中不可或缺的部分，如何有效利用闲暇时间对于其生理、心理健康和社会关系建立起着非常关键的作用。例如，通过参与一些户外的运动，或是参加一些兴趣小组，又或者外出旅行，既可以让老年人身心感到愉悦，也可以在参与的过程中认识更多的朋友，掌握更多的时代信息。因此应该通过提供和完善配套设施，鼓励老年人参与到更加丰富的休闲文化活动中。

（五）中国老年人政治活动参与具有被动性

政治参与包括手段性参与和目标性参与。所谓目标性参与是指参与者把政治参与作为一种目标来追求，手段性参与是指参与者把政治参与当作实现目标的手段，参与本身并非其目的。[1]我国老年人参与选举的时候往往是与自身利益结合在一起，认为参加选举同自身和家庭的利益相关，所以才选择参与其中。这也是为什么参加基层村/居委会选举的人口比例明显高于参加人大代表选举的比例。因为村/居委会所管辖的事务与自身利益密切相关，所以老年人更愿意发表意见，选出对自己更有利的干部。相比男性老年人，女性老年人被动参与选举的现象更突出，

---

[1] 姜勇．浅析我国农村老年人的政治参与[J]，法制与社会，2009（5）。

尤其是农村妇女。受教育水平和社会经济地位的限制,大部分农村妇女并不了解参选对象的情况,她们也不关心谁会当选,所以只是让别人代投,被动参加选举。

七、老年人社会参与的影响因素

无论是经济活动、公益活动、休闲文化活动还是政治活动,是否参与其中既取决于老年人的意愿,又与社会环境的发展密切相关,只有当两者协调一致时,老年人才能根据自身的状况,选择相应的参与方式。因此,老年人社会参与会受到个人层面、社区层面乃至社会层面的影响。

从个人层面来看,身体状况、性别、受教育程度、离退休前的职业声望、社会地位、经济状况等会影响老年人社会参与的内容、方式和强度。[①] 过去,我国老年人普遍存在着受教育水平低、健康状况不佳和参与意识薄弱等问题。[②] 但近年来,新进入老年期的老年人口在各个方面都有了较大提高,因此老年人的参与意识越来越强,对参与活动的要求也会随之提高。在社区因素方面,社区经济发展水平、社区组织、社区文化和社区环境等是影响老年人社会参与的重要因素。[③] 相比个人能力的提升,加强社会能力建设,提高机构能力以减小老年人社会参与阻碍更加有效快捷。例如,发展出更多适合老年人参与的志愿服务项目、为老年人提供相应的技能培训或者支持、确保信息发布的准确性和流通性、加强社区无障碍环境建设等。尤其是对处于相对弱势的老年群体,环境的支持作用可能会更加突出。此外,社会机会和条件、社会及家庭传统观念、社会公民精神等都是影响老年人社会参与的重要影响因素。[④]

随着人口老龄化程度的加剧,现代的养老方式已经不再只是满足于"老

[①] 李宗华、高功敬.积极老龄化背景下城市老年人社会参与的实证研究[J],学习与实践,2009,(12)。
[②] 刘颂.老年社会参与对心理健康影响探析[J],南京人口管理干部学院学报,2009,(3)。
[③] 杨华、项莹.浙江农村老年人社会参与影响因素研究[J],浙江社会科学,2014,(11)。
[④] 艾如.功能主义视角下的老年人社会参与状况研究[J],北京科技大学学报(社会科学版),2011,(2)。

有所养"、"老有所医",还应该注重发展"老有所为"、"老有所学"和"老有所乐"。可以说,社会参与已经成为新时代下老年人养老方式的重要组成部分。因此,我们应该开发更多途径、创造更多机会,鼓励老年人参与到社会各项活动中,真正实现一个"不分年龄,人人共享"的社会。

(作者简介:谢立黎:女,中国人民大学老年学博士研究生;研究领域:老年人社会参与、老年宜居环境。联络方式:13811682447;yvettexie@126.com)

参考文献

[1] 孙鹃娟、梅陈玉婵、陈华娟.《老年学与老有所为》,国际视野[M],北京:中国人民大学出版社,2014。

第八章　老人的价值与实践

孙鹃娟

在很多人的传统观念中，人"老"了就应该安享晚年，过悠闲自得的生活。辛苦了一辈子也该歇歇了！他们认为为社会作贡献、参与社会发展是年轻人的事情，老年人应该主动"退出"社会发展的舞台，把更多的机会让给年轻一代。持有这种思想观念的人在生活中并不少见。的确，老年人随着年龄的增长，身心健康往往在走下坡路，体力、精力也明显不如青壮年人，像年轻人那样继续工作打拼已经不现实了。现代社会中退休制度的存在，似乎也说明人老了就应该退出生产领域。

但在现实中我们常常看到不少老年人甚至是白发苍苍的高龄老人还在以各种方式贡献自己的力量：有的发挥专业所长，退而不休，甚至在老年期还取得卓越成就，如水稻之父袁隆平、人口学和老年学家邬沧萍等，他们虽已进入耄耋之年，但依然勤奋工作；有的老人尽管已经脱离了自己原来从事的工作，但又重新寻找到发挥余热的方式，如王桂申老人在退休后选择到深山植树造林，十多年来已植树十多万株；还有的老人从事各种志愿服务，乐此不疲……

那么在老年人越来越多的今天，老年人社会参与有什么意义和价值？老年人到底能通过哪些途径或活动参与到社会发展中？本章将围绕这两个话题展开讨论。

一、老年人的社会参与有什么价值和意义？

一般来说，随着年事日高人们更加重视身体健康，而对功名利禄、事业成就的追求相对会逐渐弱化。因此在一些人看来，老年人的社会参与可有可无，只要身体健康，老有所养就满足了，社会参与是年轻人的事。然而他们忽略了社会参与对于老年人的重要价值和意义，老年人的社会参与对于自己、家人、社会都是有益的。下面分别从老年人自身、家庭、社会几个层面来说：

（一）老年人层面

对于老年人自身，积极参与社会的活动可以使他们改善身心健康状况、延缓衰老、获得经济收入、丰富生活、实现自我价值。大量研究表明，各种形式的社会参与活动对老年人的健康有利，即便是低水平的活动也比不参加任何活动有利。例如，与完全退休的老年人相比，有规律的工作或从事志愿活动的老年人活得更健康，这是由于有目标感、有刺激和有学习的环境。为什么社会性活动能提高老年人的健康水平？一项调查结果表明，老年人通过参加社会性活动能够促进社会交往的能力和技巧，通过结交新朋友加强了他们的社会交往圈子，使所处的环境更具有刺激性，从而提高了他们的认知水平。参与很多社会活动能够提高老年人的知识和技能，对老年人的自我认知和心理健康有积极作用，例如，参加了各种知识讲座和教育培训的老人往往能更科学地养生保健、减轻孤独感、提高幸福感。

此外，参加社会活动还有助于老年人扩大社会交往面，使他们不仅获得了更多的社会经济资源，还能提高其社会地位，对其健康水平的提高有一定作用。从事有报酬的劳动或工作对于很多老人来说是非常重要的生活来源，对于保障其生活水平的作用特别显著。而对于从事志愿服务的老人来说，这些活动则主要体现为其社会价值，有助于加强老年人的自我认同感和独立程度。丰富多彩的社会活动使得老年人退休后不再局限于家庭成员内的交往,能够通过这些活动认识更多的朋友,是老年人与朋友甚至陌生人交往互动的重要桥梁,可以有效避免老年人退休后容易产生的社会隔离问题,使老年人不再被孤立,并得到更广泛的社会支持资源。如有一个老年人的糖尿病同伴互助群,通过轮流担任组织者的方式,其中的每一个会员都能得到担当领导的角色,他们通过和医生、护理人员以及糖尿病患者讨论交流,给会员们拟定更加适宜的治疗保健方案,并组织开展各种有益身心的活动。在这个同伴互助群中老人由此结交了很多朋友,得到更多的人际资源,还增长了对糖尿病的知识。老人们认为自己也是有能力、有价值的,依然能帮助别人,因此他们不但病情稳定甚至有的老人还逐渐好转。

(二)家庭层面

对家庭来说,老年人的社会参与能减少老年人对家庭的依赖,解决家庭的现实困难,使代际之间能互助、和谐。在国际上,积极老龄化已被公认是应对老龄化挑战的重要理念。积极老龄化理念特别强调老年人要积极参与社会才能减少伤残和患慢性疾病的可能性,才能减少巨大的医疗和照顾服务的支出,有效降低家庭成员为照顾老人而花费的金钱、时间等成本。随着老年空巢、独居家庭越来越多,很多老年人生活相对闭塞、孤独,而倘若老年人不积极参与社会活动,长期孤独又容易引发抑郁、痴呆等问题,进而带来照料护理等压力。所以老年人的社会参与通过提升老年人的身心健康缓解家庭成员对老年人的照料压力,减少老年人因疾病对家人的依赖。

老年人从事社会参与活动还有助于建立和谐的代际关系、家庭关系和邻里关系。和谐思想要求人们坚持和谐的原则。就是说要承认事物的多样性、差异性甚至是矛盾性。人们不能用整齐划一的、绝对化的思想看待事物。要正确地认识、分析和解决问题就必须坚持"和而不同"的原则。孔子认为能不能坚持和谐的原则是区分和衡量君子与小人的标准:"君子和而不同,小人同而不和。"家庭和谐是社会和谐的基础,"家家有老人,人人都会老",老年人是家庭中的重要一分子,只有家庭中的代际之间和谐了才能实现社会的和谐。过去老年人往往是被作为需要赡养和辅助的对象看待,需要年轻一代为其提供经济支持、生活照料、精神慰藉,因此对于很多家庭而言,老年人的确是一种负担和压力。

在我国持续低生育水平的前提下,很多家庭将面临着"四二一"的倒金字塔型结构,这意味着一对中青年夫妇可能要同时照顾四个老年父母和一个孩子。如果长此以往,"四二一"家庭的养老和养小责任将不堪重负。在很多家庭中,老年人是照顾孙子、料理家务的主力军,他们通过自己的劳动为子女分担沉重的负担,使年轻一代能更好地投入工作,所以老年人在维系家庭和谐乃至社会和谐方面具有不可估量的作用。2005年中国健康长寿调查数据显示,在家庭中做饭和照看孩子的65岁以上老年人超过五成。

(三)社会层面

在人口老龄化过程中,中青年劳动力在总人口中的比重会逐渐下降,长此下去,会使青壮年劳动力的供给减少,一些老龄化程度高的发达国家已经出现这个问题。我国从现在到2020年前后,劳动力资源还比较丰富,但是也将不可避免地逐渐出现青壮年劳动力减少的后果。因此对于社会来说,发挥老年人力资源的价值将成为社会经济发展的必然选择。通过老年人多种形式的社会参与,老年人就可成为机构、单位、企业里有经验的、低廉的、时间灵活的生力军。

要看到,我国老年人中低龄、健康的老年人占了相当大的比例,他们能够继续参与社会发展。第六次全国人口普查数据显示,八成以上的老年人身体健康,生活不能自理需要别人照顾的老年人仅一成左右。特别是城市低龄老年人中,认为自己身体健康以及基本能保证正常工作生活的60—64岁老年人达到96.57%,而65—69岁老年人中也有93.96%的人自评健康和能保证正常工作生活。可见,九成左右的城市70岁以下老年人的健康状况能够满足劳动或工作需要。老年劳动力资源的充分利用对于应对我国人口老龄化带来的劳动力资源短缺，无疑是值得考虑的重要选择。

二、老年人怎样参与社会？基于一些案例的探索

人们对于老年人如何参与社会的认识，经历了长久的发展过程。在不同历史时期、不同国家，大量的老年人参与社会的案例都表明，老年人的参与形式是广泛而多样的。近些年来，在世界人口老龄化迅猛浪潮的冲击下，整个社会对老年人参与社会的看法有所更新，并产生了一些行之有效的政策和实践项目，本章将基于这些案例探讨老年人怎样更好地参与社会发展。

（一）延迟退休年龄不是老年人就业的全部

正式的劳动就业无疑是老年人社会参与的一项主要活动，那么是不是只有通过延迟退休年龄才能让老年人继续在正式的劳动就业领域发挥作用呢？众所周知，由于很多国家都面临人口老龄化挑战，因此逐渐延迟退休年龄成为发达国家和一些发展中国家的普遍趋势，我国也不例外。延迟退休年龄的做法更多的是出于现实需要，例如由于养老金收益、收入等减少，人们只有工作更长才能获得足够的经济收入并支付不能报销的医疗费用等；政府则主要是出于沉重的养老金、医疗保险的压力而考虑延迟退休年龄。于是，越来越多的人认为晚退休是必然的选择。有研究显示，美国在职人员对于能够按时退休的信心，由2007年的41%下降到2009年的13%。除了客观原因的驱使，越来越多的老年人也希望能够继续就业或再就业。据美国退休者协会的一项调查显示，69%的人在达到退休年龄后还想继续工作，只有28%的人表示退休后不打算继续工作。但延迟退休年龄并不是老年人就业的全部内容，已经有一些成功案例说明老年人可以多形式、多途径就业或再就业：

1. 鼓励雇主聘用老年人

在澳大利亚,通过宣传"年龄增加价值"、"老年可以工作"和"发展无年龄偏见的劳动力"的理念,联邦和州政府开展了一系列项目来鼓励雇主聘用、保留和培训老年工作者。又如美国一些当地政府对于聘请老年人的雇主提供税收优惠政策。这些措施有利于企业在招聘时有更多的激励去雇佣老年人。另外,制定反对年龄歧视的法律法规也成为很多国家政府为建立一个公平有序的就业环境所做出的共同选择。

2. 多种途径增加老年人的就业机会

在我国,受年轻人就业压力的影响,老年人就业或再就业的正式渠道非常有限。例如,即便是作为老龄化程度高、老年人健康状况比较好、就业意愿较强的上海市,有组织的老年就业渠道仍很少,老年人就业仍处于自发状态。根据2005年的上海老年人口状况和意愿跟踪调查结果,在业老人中分别以"自己寻找"、"原单位返聘"、"家人、朋友介绍"为三种最主要的就业渠道,基本呈三分天下局面。因此,政府和非政府组织应通过多种途径增加老年人的就业机会,为老年人提供就业信息、培训和咨询,维护老年人的就业权利。建立老年人才中介服务平台,在人才市场中先开辟中老年人才交流专场;逐步建立综合性的老年人才信息库,并对雇用老年人的企业在税收等方面给予优惠。

3. 加强老年劳动者的就业能力

退休并不意味着老年人职业生涯的结束,事实上,有的老年人在达到退休年龄后继续工作,还有的老年人退休后又再就业。随着市场对劳动者劳动技能的要求和就业形式的日益多样化,有经验和技能的老年人在正式就业领域依然有优势。对于绝大多数老年人而言,要适应现代社会对劳动者的要求,只有通过不断学习来更新知识和技能,才能获得更多的职业机会,发挥自己的潜能。应有重点、有针对性地培训有就业意愿的老年人,特别是对于贫困但想工作、技能低的老年人更有必要进行有关培训。

4. 拓展老年人就业的新思路——社会企业

什么是社会企业？社会企业是一种创新性的商业活动，但社会企业与商业企业的目标不同，商业企业的目标是经济收益，而社会企业的目标是社会使命。对于社会企业家来说，社会任务是明确的中心，财富只是达到目的的手段。社会企业可以成为我国拓展老年人就业的一种创新性思路。

社会企业的例子遍布世界各地，比如香港有一家名为银杏馆的社会企业就是一个有创意的、实现经济和社会双重价值的社会企业。银杏馆是一家雇用老年人提供服务的高级法国餐厅。由于香港没有完善的全民社会保障系统，香港的部分老年人需要通过就业获得收入。银杏馆旨在为有工作需要及意愿的老年人提供机会，让其继续就业或再就业，使其重新获得自信、肯定自我。这个项目在短时间内成为能够持续发展的企业，既获得经济收益又完成了雇用和培训各层次老年人的服务。银杏馆在创业两年之内即已成功满足了作为社会企业需要的双重底线。银杏馆不但能够达到收支平衡，而且还出色完成了它的社会使命——提供就业机会给老年人群体。银杏馆凭其社会企业模式赢得了2008年香港"良心品牌"大奖、创意创业大奖以及其他多种奖项。

我国有丰富的老年人力资源，应鼓励和动员一些经验丰富的老年企业家支持社会企业发展。可以考虑培训和雇用有一定能力的老年人，让他们有机会参与有经济价值和社会价值的活动。利用年长企业家的专业知识和经验、网络资源、人力以及社会资本来建立社会企业项目，鼓励年长的企业家参与社会企业的发展、支持年轻人；年长企业家可以成为年轻企业家的顾问或伙伴，支持和教导年轻企业家创业，给被忽视的弱势群体制造就业机会，共同实现企业的社会使命和经济收益。

5. 单位、企业或机构可采用灵活多样的形式聘用老年人

目前在中国和很多国家实行的是强制性退休制度。老年人达到法定退

休年龄往往就退出正式工作领域，以退休金或养老金为主要收入来源。但是，随着劳动力的日益短缺和老年劳动者健康水平的提高，有的国家也根据对劳动力的需求情况实行弹性退休制度，或通过减少工作时间实行逐步退休的方式，还有采取模糊退出即退出工作领域后又再进入的方式来适应老年人个人和企业的需求。

而就业也并非老年人社会参与、实现自我的唯一途径，但不能否认的是仍有部分老年人有继续就业的意愿。特别是城市老人、男性老人、低龄老人的就业意愿还比较突出。我国有接近一半的60-69岁城市男性老人希望继续就业或再就业。对此应吸取一些国家的经验和做法，采取灵活多样的形式满足老年人的就业意愿。另外，鼓励老人参与社区服务、志愿服务、教育培训等活动也有利于提高其人力资本、社会融合和自我价值感，预防老年孤独和抑郁，同时为社会创造价值。

（二）丰富多样的老年志愿服务

志愿者的数量和比例能够在一定程度上反映一个国家和地区的文明程度。志愿活动是老年人积极参与社会的一种方式，尤其是中国老年人普遍退休比较早，在获得正式就业机会有限的情况下，从事志愿活动是他们参与社会的很好方式。志愿者是指在不为物质报酬的情况下，基于道义、信念、良知、同情心和责任，为改进社会而提供服务，贡献个人的时间及精力的人和人群。志愿服务泛指利用自己的时间、技能、资源、善心为邻居、社区、社会提供非盈利支持行为。

志愿服务可分为正式的志愿服务和非正式的志愿服务两大类。正式的志愿服务是有机构有组织的、不计报酬的志愿服务，其活动是主动的、时间计划好的、由正式机构组织实施的；而非正式的志愿服务或帮助往往是零散的、非计划性的，如对朋友和邻居的帮助。在我国，义务咨询、义务劳动、青少年教育活动、治安维护等是较常见的老年志愿服务，但适宜老年人从事志愿的志愿活动远远不止这些，根据国内外的实践经验，下面仅列举一些比较成功的老年志愿活动。

1. 陪伴和照顾有需要的人

对于很多需要他人照顾的人如患病或生活不能自理的老人、残疾人等，家庭成员在照顾过程中通常希望得到帮助和支持。很多国家大力提倡健康的老年人帮助不能自理的老年人。健康的老年人作为老年义工去照顾有需要的老年人有很多优势，因为他们之间有相似的经历，有共同的语言，懂得老年人的心理，如加以培训，健康老年人就能发挥很大作用。以美国运作比较成功、影响较大、历史也较长的老年志愿服务项目——老人团（Senior Corp）为例，老人团所提供的志愿服务中一项重要的内容是老人陪伴，即老年志愿者去陪伴和照顾身体不佳的老人，包括陪伴独居、空巢老人等。但什么样的老年志愿者提供哪些志愿服务，需要专业人士如志愿活动组织者、社工等进行全面的了解和评估，需要考虑的内容包括：

老年志愿者的身体状况

是否愿意陪伴或照顾有疾病或残疾的人

老年志愿者所能提供的时间、服务类型、程度等

服务接受者的年龄、性别、健康状况、家庭状况等

服务接受者对于陪伴或照顾的需求特点

老年志愿者拥有的知识、技能及性格特点等

老年志愿者到达被照顾者家中或机构的距离、所需时间等

以上大致列举了提供照顾或陪伴服务时应考虑的要点，在实践中要根据志愿者与服务接受者的现实情况进行综合全面的评估，并在服务过程中及时掌握志愿服务开展情况。有调查研究表明，为有需要的人提供照顾陪伴服务不仅帮助了被照顾者，也缓解了被照顾者家庭成员的照顾负担，同时对于老年志愿者来说也有很多收益，大多数的老年志愿者通过陪伴和照顾他人，他们的自我认知、自我效能感和时间管理技能等有所提高，拥有了更好的人际关系和沟通技巧，并促进了心理健康、提升了幸福感。

2. 教育陪伴儿童

照顾孙子女的中国老年人很普遍，大约有四成左右的老年人帮助子女照顾孩子。但如果能通过志愿服务把照顾孙子女的行为扩展到为儿童提供课后照看或教育服务，将大大提高老年人的社会参与程度，并产生极大的社会价值。在韩国、日本、澳大利亚、美国、英国等国家都有很多老年志愿组织专门提供教育陪伴儿童的义务服务。特别是一些身体健康、有一定教育文化水平的老年人，退休后为了让自己的知识继续发挥作用，他们通过志愿组织或自发地开展青少年儿童的教育、辅导或陪伴服务。通常这种老年人的教育、陪伴是在课后学校、青少年活动中心或社区中进行，除了陪伴无人看管的儿童而外，还有多种多样的形式，如课后陪伴和辅导儿童写作业、答疑解惑，通过讲座、讨论或游戏的方式进行主题教育等等。这类志愿服务能够帮助解决课后儿童的照看问题，又能有效利用老年人的知识和时间资源，而对于老年人而言，与儿童的互动既有益于自身的身心健康，又加强了社会交往，是一项多赢的社会参与活动。

3. 面向公众开展知识技能传授

很多老年人有丰富的知识和经验，但退休后常常弃之不用，这无疑是人力资源极大的浪费。如何把老年人的知识技能继续利用起来已受到广泛重视。除了企业、单位继续聘用有专长的老人而外，通过老年人的志愿服务面向公众开展知识技能传授活动是值得倡导的一种社会参与。

在这方面，我国由政府推行的"银龄行动"就是一个典型案例。从2003年起，国家开始组织以老年知识分子发挥科技知识和业务专长援助西部地区和本地欠发达地区为主要内容的"银龄行动"，在24个省、市、自治区为受援地群众治病、培训医务骨干和中小学教师等，产生的经济和社会效益不可估量。还有一些小规模的志愿服务也很有借鉴价值，如在北京，一位退休的英语教师利用周末在公园为人们开展义务英语讲座，来参加的人越来越多，其中很多是老年人，他们都很喜欢这种由老年人来讲授的讲座，因为他们觉得老师是老年人，更容易沟通，所讲内容也更贴近老年人的需要。

4.在社区中进行义务服务

绝大多数老年人的日常生活是以家为中心展开活动，社区中的邻里、朋友是家人之外老年人交往联系比较频繁的对象，老年人在社区中的志愿活动方便易行，既帮助社区解决一些实际问题，也能够充分利用社区中老年人的力量。如天津市河西区某街道，在老年协会和志愿者协会的组织下，大爷大妈们形成一支700多人的志愿者队伍，义务做街面保洁、去养老院慰问老人、帮助法院做民事调解、给困难群众送粽子、在社区中巡逻治安、给参加高考的考生和家长送绿豆汤、组织社区居民联欢、照顾残疾人等等。有很多得到志愿者帮助的老人也逐渐加入到这个老年志愿者团队中，大大增强了社区的凝聚力。近些年来，老年人从事志愿服务的内容越来越广泛，如在湖南长沙开展了老年志愿者网吧监督专项行动，各街道社区为辖区内的网吧配备老年志愿者作为督察员，定期督察网吧内是否有未成年人上网、是否有吸烟等不文明行为，向社区及时反映网吧经营活动中的不良行为、举报黑网吧等。在长沙市两千多名老人带上了红袖章，走街串巷对各自所在社区的网吧进行轮流值守监督，网吧监督志愿者的工作充实了这些老年人的闲暇生活，也净化了社区的网络文化环境。虽然老年人这些零散的、形式不拘的志愿活动在统计上往往被忽略，但其带来的巨大社会经济效益却是不可估量的。个体自发的志愿服务行为已成为很多中国老年人社会参与的重要方式，成为他们晚年生活的一种方式。

（三）终身学习才能更好地参与社会

随着市场对劳动者劳动技能的要求和就业形式的日益多样化，即使有经验和技能的老年人在相关领域依然有优势，但老年人随着年龄的增长，知识结构、技能水平都难免跟不上日新月异的科学技术发展，即便是普通的服务工作也日益对服务水平和质量提出更高的要求。对于绝大多数老年人而言，要适应现代社会对劳动者的要求，只有通过不断学习来更新知识和技能，才能获得更多的职业机会，发挥自己的潜能。

老年教育是开发老年人力资源、提升老年人的能力和价值以更好地贡献社会的主要途径。在老年人的社会参与中，教育是推动老年人继续工作、从事志愿活动、作为照顾者等等行为的重要桥梁和工具。各种形式的老年教育不但可以满足老年人获得知识、提高技能，适应工作的要求并提高工作质量，也能丰富老年人的晚年生活，延缓老年人在认知、记忆、行为等方面的衰老速度，提升健康水平和生活质量，让老年人体验到价值感和成就感。那么老年人的学习和教育有哪些途径呢？

1. 参加老年大学和老年学校学习

老年大学是针对老年人的一种非学历正规教育，是中国老年教育的主要形式。在中国，老年大学一般是通过固定的场所和规范化的课程为老年人提供系统知识的传授，一般学制为1—2年。我国老年大学的内容以满足老年人的兴趣爱好为主，开设的课程多为书法、绘画、音乐、摄影、戏剧、写作、棋类等，也有部分外语、计算机等技能性课程。

2. 组织老年兴趣小组和学习活动

由个人、志愿者、NGO组织、企业单位、公共服务机构等开展的各种学习兴趣小组、学习活动等是最为灵活、内容与形式最为丰富的老年人教育学习方式。除了在社区、公园、活动中心等公共场所有定期或不定期的各种老年兴趣小组和学习活动外，还有企业、单位、NGO组织的老年人学习活动。如深圳市某社区服务中心在助老助残活动室开展的"魅力夕阳"老年英语学习班，旨在协助社区老年人提高日常英语使用能力，吸引了众多老年人的关注，学员从61岁到78岁不等。近年来还有越来越多的老年人通过互联网建立了学习群、讨论组，这些都成为老人们学习交流的重要平台。

3. 利用远程教育资源

利用信息化传媒技术实现远距离教学的远程教育是一种非常适合老年人的教学方式，它主要通过电视、广播、互联网等途径，使老年人足不出户就可以获得各种知识信息。很多地方开展了多种形式的"空中老年大学""老年电视大学"等。随着电脑和互联网使用的普及，网络为老年人的学习教育提供了便捷条件。如上海远程教育集团牵头主办的"上海远程老年大学"，是一个面向上海以至全国老年人终身学习的现代远程教育网站，网上课堂的课程内容涵盖社会人文、医疗卫生、文学艺术、信息服务、科学技术、自然科学、文化教育、综合百科等方面。而北京的"东方银龄远程教育普及工程"通过远程方式开展"幸福养老大课堂"，向朝阳区的一百多个社区和村提供多种适合老年人的课程。

4. 根据兴趣爱好积极自学

相对于正规的学校教育和集体学习，自学始终是最简便、最常见的学习方式，而老年人的闲暇时间较长，因此各种形式自学是终身学习的最佳途径。根据调查研究，90%的老人认为最好的学习方式是在看和听的基础上思考，90%的老人同意实际动手是最好的学习方式。研究表明，那些坚持阅读、思考和不断学习新知识的老人在记忆、认知、学习能力等若干方面的指标都较高。很多老人在退休后通过孜孜不倦的学习发掘出自己的兴趣和潜力，甚至能利用这些知识和技能继续发挥余热。

尽管老年人社会参与的实现还有很多局限，但我们也要看到，社会、人口、经济、文化的飞跃发展已经为老年人继续发挥他们的能力提供了无限可能。人们的寿命越来越长、健康水平也大为提高，很多70岁甚至80岁、90岁的老年人身体依然健康；而信息技术日新月异的发展也大大改变和拓展了工作模式，有了计算机、互联网，一些工作足不出户也可以完成。老年人群体的变化也使得人们对老年人的看法在改变，老年人的受教育水平在不断提高，对社会参与的意愿也相应提升。鼓励和推动老年人社会参与是个人、家庭和社会共同努力的方向。

（作者简介：孙鹃娟，女，中国人民大学老年学研究所副教授，研究领域为老年生活质量、老年照料、老年政策等。联络方式：13051512026，sunjuanjuan@ruc.edu.cn）

参考文献

［1］孙鹃娟、梅陈玉婵、陈华娟.《老年学与老有所为：国际视野》，中国人民大学出版社，2014年。

［2］邬沧萍、杜鹏.《老龄社会与和谐社会》，中国人口出版社，2012年。

第九章 中国老年宜居环境建设：现状与发展

杜 鹏 王雪辉

引 言

中国是世界上第一个将老年宜居环境写入法律的国家，老年宜居环境建设已经被提上政府的重要议事日程，近几年在不断推进法律的落实，总结实践的经验。随着中国老年人口逐渐呈现高龄化趋势，老年群体内部的年龄特征和脆弱的身体状况要求政府为老年人提供住、行方面的便利设施和条件，从而减少失能程度的进一步加剧和对家庭带来的照料负担，为老年人参与社会发展创造便利的条件。中国老龄科研中心2010年的调查数据显示，认为公共设施完善的城市老人仅占约40%，认为社区服务设施完善的不足35%，7成以上老人居住在没有安装电梯的楼房中，高龄和失能老人的出行极为不便。[①] 囿于相对较低的社会经济发展水平，农村地区在推进老年宜居环境建设方面尤为滞后。现阶段，老年宜居环境建设亟待加强。随着人口老龄化的快速发展，国家和政府也逐渐重视老年宜居环境建设的发展。2012年底新修订的《中华人民共和国老年人权益保障法》明确提出推进老年宜居环境建设，为老年人提供安全、便利和舒适的环境。由

---

① 金晶等.中外老年宜居城市环境建设比较研究［J］，丽水学院学报，2014（36）：56-61.

全国老龄委于2009年启动的"老年宜居社区"和"老年友好型城市"试点工作也正在有序推进。可见，中国在老年宜居环境建设的政策法律出台和实践探索方面已取得一些成绩，本文将在梳理老年宜居环境建设现状的基础上，探讨未来中国老年宜居环境建设的发展方向。

一、老年宜居环境的内涵及指标体系

（一）老年宜居环境内涵界定

针对老年宜居环境内涵，不同学科领域的专家学者从不同维度给出概念内涵的界定。全国老龄办副主任朱勇提出，老年宜居环境是指适宜老年人居住生活的公共环境、社区环境和家庭环境。[①]

张帆认为，老年人宜居环境可分解为不同物理空间范畴的层面，即宜老居住环境、宜老社区环境、宜老居住小区环境和老年宜居社会环境。[②]

李珊认为，人本主义视野下的"宜居环境"是经济、社会、文化、环境协调发展的体现，理想的老年宜居社区应当具备安全、健康、便捷、舒适、服务完善和情感归属等特质。[③]

黄加成认为，老年宜居环境建设是老年宜居社区建设的基础工程。老年宜居环境建设应从老年人的实际需求出发，注重整体性、实用性、生态性、安全性、方便性、艺术性和趣味性的结合。[④]

综合上述几位学者的界定，本文将老年宜居环境分为硬件环境和软件环境的建设，其中硬件环境建设包括各类基础设施、活动场所、无障碍设备等，软件环境包括良好的社区氛围、互助和志愿服务、尊老敬老文化等。

[①] 朱勇.加强老年宜居环境建设[J]，中国国情国力，2014（1）：p14-15。
[②] 张帆、石文.老年宜居环境研究[J]，城市规划，2010（11）：p48-50。
[③] 李珊、杨忠振.城市老年宜居社区的内涵和评价体系研究[J]，西北人口，2012（33）：p17-21。
[④] 黄加成.城市老年宜居社区建设应注意的几个问题[J]，淄博师专学报，2012（30）：p62-65。

（二）老年宜居评价指标体系构建

老年宜居环境建设评价指标体系是促进老年友好城市建设和创建老年宜居社区的重要评估工具，科学健全的指标体系有利于促进老年宜居环境建设的规范发展。近年来，不少学者结合相关学科知识和模型探索老年宜居环境评价指标体系的构建，以对现有的老年宜居城市和老年宜居社区建设状况进行评估。

有学者从公共指标和专项指标进行老年宜居环境的评价，其中，公共指标包括生态环境、经济环境和社会环境，专项指标包括敬老优待政策保障、老年经济保障、老年医疗保障、老年照护保障、老年文化与社会参与。[①]该指标体系基本涵盖了与老年人日常生活相关的所有内容，总体上可以反映老年宜居环境建设情况。

赵东霞等利用统一建模语言（UML）方法构建了我国城市老年人宜居环境评价指标体系，包括5项一级指标，即生态宜居、健康宜居、生活宜居、精神文化宜居和安全宜居，每项一级指标又包括若干项具体的二级指标。[②]该指标体系的构建利用了科学的理论模型，相对较为规范，具体指标详细全面，能够更加客观和深入地评估老年宜居环境建设状况。

于文彬等几位学者将物联网技术与老年人健康服务系统相结合，通过健康管理平台和防病监测专家系统平台的支持，联合社区、医务卫生机构，建立老年人宜居环境体系。[③]该体系充分利用了现代科技智能系统，将老年宜居环境打造与现代化的社区智能服务系统实现有机结合，体现了信息化社会创建老年宜居环境的发展趋势。

李珊等依据宜居环境相关理论和遵循系统分类方法构建了老年宜居社区评价指标体系，包括客观实体指标体系和主观评价指标体系两个子体

---

① 戴俊骋等.中国老年人宜居城市评价指标体系探讨［J］，中国老年学杂志，2011（31）：p4009-4012。
② 赵东霞、孙俊龄.我国城市老年人宜居环境评价指标体系研究［J］，环境保护与循环经济，2013（7）：p52-55。
③ 于文彬等.老年人宜居环境体系的系统设计与应用［J］，河北省科学院学报，2011（3）:p10-13。

系。①作者通过计算指数得出两个子体系的评价情况,客观实体指标包括社区安全度、社区舒适度、社区服务度、社区便捷度、社区健康度;主观评价包括安全度评价、舒适度评价、服务度评价、便捷度评价、健康度评价和情感度评价。

结合上述对老年宜居环境内涵的界定和相关学者构建的老年宜居环境指标体系,在此基础上,本文从政府、社会和社区承担的责任角度,拟梳理中国老年宜居环境指标体系,如下图:

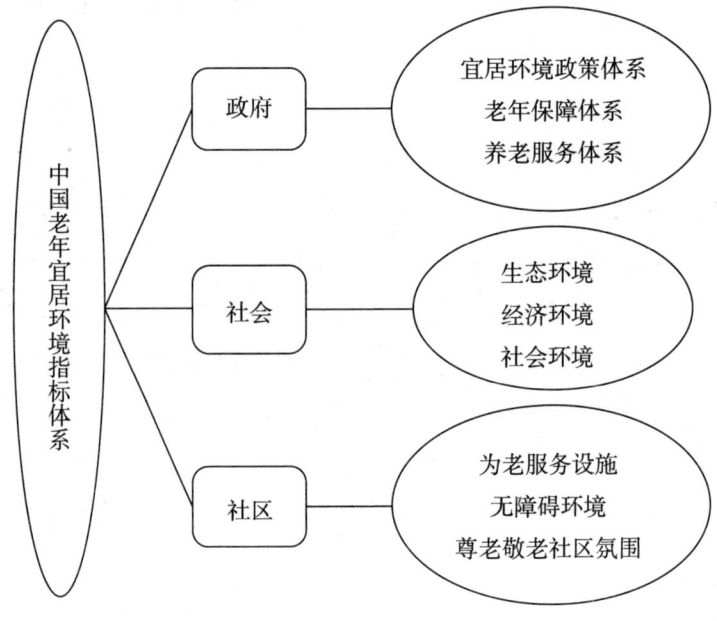

二、中国老年宜居环境政策发展历程

(一)老年宜居环境之法律规定

《中华人民共和国老年人权益保障法》(以下简称《老年法》)是国

---

① 李珊、杨忠振.城市老年宜居社区的内涵和评价体系研究[J],西北人口,2012(2):p17-21.

家用来规范老年人权益保障的最高法律形式,其实施有国家强制力保障。2012年12月,我国首次对《老年法》进行修订,将"宜居环境"作为专门一章做出了详细规定。

在硬环境建设方面,新《老年法》明确提出四个方面的具体要求:1.各地区的城乡规划须统筹考虑适合老年人的公共基础设施、生活服务设施、医疗卫生设施和文化体育设施建设;2.国家要制定和完善涉老工程建设标准体系,在规划、设计、施工、监理、验收、运行、维护、管理等环节加强相关标准的实施与监督;3.规定道路、公共交通设施、建筑物、居住区等应符合无障碍设施标准;4.推进老年宜居社区建设和家庭无障碍设施改造。可以看出,针对老年宜居环境建设,法律中已给出系统的规定和要求,如何有效落实和加强监管是依法行政的重要任务。

在软环境建设方面,新《老年法》中对基本养老保障制度、基本医疗保障制度、长期护理制度、社区养老服务、医疗卫生服务等都做出了相应的规定。此外,新《老年法》中也提出要增强全社会积极应对人口老龄化意识,在全社会广泛开展敬老、养老、助老宣传教育活动,树立尊重、关心、帮助老年人的社会风尚。同时积极促进老年人的社会参与,发挥老年人的专长和作用,保障老年人参与经济、政治、文化和社会生活。

除了《老年法》,我国近年来也发布了促进老年宜居环境建设的其他法规及条例。1999年,我国发布《老年人建筑设计规范》,对老年人使用的居住建筑和公共建筑做出明确规定。2003年,住建部发布《老年人居住建筑设计标准》,对老年人住宅、老年人公寓及养老院、护理院、托老所等做出明确要求。2008年,住建部出台《城镇老年人设施规划规范》,要求老年人设施的建设应从老年人需求出发,实现以人为本。2011年,我国颁布《无障碍环境建设条例》,该条例对出行道路、公共交通工具、信息获取等做出了具体的规定,方便老人出行和生活便利。

(二)国家老年宜居相关政策状况

近几年,国家出台的涉老政策及规划中均有老年宜居环境建设方面的内容。《社会养老服务体系"十二五"规划》提出，在居家养老层面，支持有需求的老年人实施家庭无障碍设施改造。《中国老龄事业发展"十二五"规划》中提出加强老年生活环境建设，共包括三方面的内容，即加快老龄事业基础设施建设并纳入城乡社区发展规划，加快推进方便老年人出行和参与社会生活的无障碍环境建设和设施改造，开展"老年友好型城市"、"老年宜居社区"创建活动。该规划对老年宜居环境建设做出详细规定和安排，对于"十二五"期间老年宜居环境建设提供了政策指导和发展方向。

2013年9月，国务院出台《国务院关于加快发展养老服务业的若干意见》，明确提出，实施社区无障碍环境改造，并提出各地区要按照无障碍设施工程建设相关标准和规范，推动和扶持老年人家庭无障碍设施的改造，加快推进坡道、电梯等与老年人日常生活密切相关的公共设施改造。

2014年7月，住建部、民政部、财政部、残联和全国老龄办联合发布《关于加强老年人家庭及居住区公共设施无障碍改造工作的通知》，明确要求各级政府首先要提高对老年人家庭及居住区公共设施无障碍改造工作重要性的认识，并切实推进老年人家庭无障碍改造和居住区公共设施无障碍改造，同时做好家庭及各类公共设施无障碍改造工作的监督检查、协作和宣传工作。

从现有国家层面出台的政策不难看出，老年宜居环境建设已被提上政府的重要议事日程，相关政府部门已明确意识到开展老年宜居环境建设对老人、家庭及社会的重要性。但同时我们也应该清醒地认识到，目前我国尚未发布全国统一的老年宜居环境建设指南或标准，这将不利于指导各地区科学有效地推进老年宜居环境建设。

（三）地方出台老年宜居相关政策现状

2009年，全国老龄办试点建设"老年友好型城市"和"老年宜居社区"，第一批试点单位包括南京市玄武区，上海市杨浦区、黄浦区、长宁区、浦东新区，黑龙江省齐齐哈尔市，辽宁省营口市鲅鱼圈区，山东省青岛市，浙江省湖州市等东部沿海和东北老工业基地9个试点地区。后来又增加了南京市鼓楼区、苏州市金阊区、山东新泰市等试点单位，截至2011年底共有13个国家级试点单位，天津、深圳、西安等城市也积极提出试点申请。自老年宜居环境建设试点开展以来，不少试点地区积极出台老年宜居环境相关政策和标准。

从2008年开始，上海市长宁区就开始在全区实施涵盖基本生活、医疗卫生、生活服务、社会参与、维权服务、工作网络等6大保障体系、15个指标项、53个目标值的"幸福养老"指标体系，并在此基础上制定了《关于创建全国"老年友好型城区"试点的实施意见》。2013年9月，上海市印发《老年友好城市建设导则（试行）》，导则从户外环境和设施、公共交通和出行、住房建设和安全、社会保障和援助、社会服务和健康、文化教育和体育、社会参与和奉献、社会尊重和优待等8个方面做出具体的规定和要求。这也是我国第一部针对老年友好城市建设的指南。2014年8月，上海市印发《关于推进老年宜居社区建设试点的指导意见》，该意见要求到2015年底，上海全市开展80-100家老年宜居社区建设试点。

2010年，青岛市印发《全国老年友好城市试点工作实施方案》和《全国老年友好城市建设及评价性指标体系（试行）》，将指标体系涉及的100项目标责任落实到67个责任部门。

2012年，杭州市发布《关于开展"老年人友好型城市"和"老年宜居社区"建设的通知》，该通知要求，在"十二五"期间，杭州市至少创建4个"老年友好型城区"和300个"老年宜居社区"。通知提出，老年友好型城市建设坚持"四友好"（友好设施、友好环境、友好服务和友好政策）和"八化"（公共空间和建筑无障碍化、交通出行便利化、住房设施适老化、养老服务人性化、卫生服务可及化、文化服务多样化、社会参与个性化和社会环境包容化）的基本要求和目标。老年宜居社区建设要以社区为基础，落实各项老龄法规政策，持续改善社区环境、养老设施和服务站点等硬件环境，同时提高社区管理和服务水平，形成尊老敬老助老的社会氛围，促进代际关系、邻里关系和睦，加强老年宜居社区软环境建设，使老人有较强的社区认同感和归属感。

齐齐哈尔市把老年友好型城市建设与"三优两提升"文明城市工程建设结合起来，制定了老年宜居城市和社区的《实施方案》和《评估办法》；湖州市在深入调查论证和听取专家建议的基础上，制定了《试点工作实施方案》、《评定标准》、《考核标准》和《评估细则》等文件，按照组织领导、生活环境、社会环境、社会保障、社会参与、社会氛围等6个方面，设定了26大项96条具体指标，落实到30个责任部门；南京市玄武区在全国率先制定出台《老年宜居社区标准》，并以居家养老服务中心建设为抓手，使全区社区居家养老服务中心全部达到AA级标准。

作为推进老年宜居环境建设的试点地区，上海、青岛、杭州和齐齐哈尔等地不断在政策法规层面做出努力，出台相关指导意见和标准，有利于老年宜居环境建设有序规范推进。创建老年宜居社区和老年友好型城市是老年宜居环境建设的基础工程和重要工程，这既是顺应人口老龄化快速发展形势的新要求，同时也关系到老年人及其家庭的切身利益。由上述可知，我国部分地区已经先行先试积极开展老年宜居环境建设工作，并逐步形成相对完善的政策和标准体系，这为其他地区创建老年宜居环境奠定了实践基础。

三、中国老年宜居环境建设实践——以上海、浙江为例

中国老年宜居环境建设除了在政策方面取得重大进展外，部分地区在实践探索领域也表现突出。本部分将重点介绍上海和浙江两个地区在推进老年宜居环境建设方面采取的措施和取得的成绩，总结其经验和存在的不足。

（一）上海——打造全面系统服务型老年宜居社区

2014年，上海市民政部门要在全市范围内建设老年宜居社区。与其他地区不同的是，在打造老年宜居社区前，上海民政部门要求每个社区摸清"五个清单"，即社区老年人需求、服务项目、服务设施、组织队伍、政策机制等，准确掌握本社区老年人口、结构以及需求等基本情况，重点

关注独居、高龄、失智失能等老年人的需求。上海市将在老年宜居社区中建立为老服务综合平台，形成居家养老服务网络。

上海市老年宜居社区将具备四项功能：1. 提供一站式综合服务，如生活照料、医疗护理、精神慰藉、文体娱乐和紧急援助服务等；2. 整合社区资源，培育为老服务社会组织和队伍，提供专业服务技能培训；3. 提供一站式评估受理平台，方便老年人养老服务咨询、申请、评估、服务质量投诉与建议等；4. 开展社区信息管理服务，整合老年人需求和为老服务信息，促进供需对接。

同时，上海还推进居家养老服务设施建设，合理布局社区老年人日间照料中心和助餐点设施，升级改造老年活动设施，推动养老服务设施与医疗卫生服务设施综合设置或邻近设置，实现医养结合。此外，上海推动养老服务智能化建设，全市将建立统一的养老服务信息平台，建立养老服务信息数据库，利用大数据实现分析决策功能，推进养老服务网络化，提高服务效率。

目前，上海市已经形成不少老年宜居样板社区。如静安寺老年宜居社区已建立了6家"乐龄家园"、2个"老年人日间服务中心"，1个助餐点，3个助老服务社网点。同时还配备了乐龄站点、卫生服务站点、老年活动室等设施；欧阳社区打造网上敬老院，依据老年人需求，提供生活照料、医疗保健、紧急援助、精神慰藉等四大类60多项为老服务；浦东康桥镇社区，引入餐饮配送、家政服务等优质社会资源，提供多功能的服务信息平台。此外，该社区还将推出"银龄无忧一卡通"项目，将加盟商公益服务和居家养老服务整合在一起，为老年人提供多元化的养老服务。

（二）浙江——立足基层创建标准化老年宜居环境

从2013年开始，浙江省老龄办联合省建设厅等相关部门在全省探索开展"老年友好城市"创建活动，并明确了生活环境和设施、社会保障和援助、社会服务和健康、文化教育和体育、社会参与和优待等五个方面的主要任务。

在标准化和规范建设方面，浙江省制定了"老年友好城市"测评体系，成立老年宜居环境建设专家委员会，建立老年宜居环境建设专家决策咨询机制，推进老年宜居环境建设向规范化和专业化发展。浙江省在"老年友好型城市"考评细则中，对环境质量指标提出严格要求，规定城区绿地率应不低于35%，人均公园绿地面积应不低于11平方米，环境空气质量优良率应达70%以上，无障碍环境设施建设应达到2013年新的国家标准。

在营造老年宜居软环境方面，浙江省要求相关单位在全省范围内积极支持和参与老年宜居环境建设，以"孝贤之星"评选、孝亲敬老助老主题教育活动以及孝文化进学校、进社区、进家庭等多种载体，弘扬尊老敬老的传统文化，形成爱老敬老的良好社会氛围。

湖州市作为浙江省第一批"老年友好型城市"建设试点，在创建老年友好型城市基础上，积极开展老年友好基层单位创建活动，着力于老年友好家庭、老年友好社区、老年友好组织、老年友好场馆、老年友好公交、老年友好医院等六大基层先进单位创建活动，建立老年友好城市的基层细胞培育机制。嘉兴市通过推进市区老旧小区改造、推进社区居家照料中心建设、推进楼道凳安装工作、推进老年人家庭适老化改造和推进老旧小区电梯改造等五大举措，力推老年宜居环境建设。

（三）小 结

可以看出，上海和浙江两地在推进老年宜居环境建设方面走在全国的前列，在老年宜居硬件设施和软件环境的塑造方面均取得了一定的成绩，并在发展过程中体现出当地的特色。但两地区在老年宜居社区细节的打造方面仍有提升的空间，如有学者在对上海试点区域进行调研后，指出试点社区在"人行道应当有良好的维修和照明"、"应提供友好的个人化服务和信息，而不是自动化的应答服务"等方面还存在差距。另外，从两地的实践来看，两个地区对农村老年宜居环境建设的关注明显不足，这样会导致本已较为落后的农村地区在老年宜居环境建设方面与城市地区的差距更大，从而导致城乡老人在享受公共福利方面的不公平现象进一步加剧。因此，无论是试点地区或是非试点地区，政府相关部门在未来推进老年宜居环境建设过程中需要给予农村更多的关注和财政投入，出台更加有利农村的政策，逐步缩小城乡之间的差距，减少不公平现象的发生。

四、国外发展老年友好城市实践

（一）国际老年友好城市建设行动计划

近年来，随着人口老龄化和城市化的推进，创建老年友好城市成为国际社会积极应对老龄化挑战的重要举措。2007年，世界卫生组织（WHO）发布行动导则，列出建设老年友好城市所需的城市设施和社会建设方面的要求清单。2010年，WHO制定了10个会员计划，涵盖22个国家的145个城市。WHO还通过"老年友好世界"的网络平台为这些城市提供交流与合作的机会，并使用评价指标衡量老年友好城市建设进度。除WHO外，美国、澳大利亚、英国和法国也积极推进老年友好城市建设。

在美国，负责老年事务的几个全国性组织积极推进老年宜居社区和健康社区建设。美国退休长者联盟（AARP）在一份综合性报告中提出老年宜居社区的定义，包括住房、出行方式、社区服务等方面。家庭照顾政策中心（CHCPR）提出老年友好社区框架的构成要素，即满足老年人的基本需求，促进老年人身心健康及增强其幸福感，尽可能让身体衰弱或残障老人独立生活，促进老年人参加社会活动及公众参与。[①]

澳大利亚地方政府联盟发布规划导则推进老年友好环境建设，分别从城市规划和公共空间、城市交通、住房、护理服务、安全、社会对老龄化的重视度、资讯和教育等方面提出老年友好社区建设的指标。

英国提出终生居所和终生社区的概念，终生社区建立在终生居所的基

---

① AdvantAge initiative. The AdvantAge Initiative. Improving Communities for An Aging Society. Visiting Nurse Service of New York［R］. New York，2004b.

础上，强调社区服务的供给状况和可及性。现在英国很多地方城市已接受这一概念并推进终生社区建设。

法国政府批准国家性老龄社会规划，即"共同居住，健康老化"。其中一项是提高社区综合环境和老年人生活水平，法国政府针对该项内容设立专项基金，并通过老年友好城市认证提高公众的认知程度。

可以得知，各个国家在推进老年友好城市建设过程中采取的措施有所不同，但基本是从公共设施和社会政策两个方面综合推进。

（二）老年友好城市建设经验——以美国波特兰市为例

1989年，波特兰市开始老年友好城市研究，并逐渐形成"高校-城市-社区合作模式"。[①]将老年友好策略纳入所有规划方案是建设老年友好城市的重要组成部分，为此，波特兰州立大学按照发现问题、政策制定和政策实施三个层面建立老年友好环境建设的政策框架。

在波特兰，政策制定的参与者包括政府方和非政府方，后者的作用更大。非政府方包括四种不同类型和规模的组织，即研究者、相关组织和利益关联方、老年人和媒体。地方政府积极为大学争取研究经费，并促进高校研究者和城市规划与可持续发展部门的合作。

发现问题需要开展五个方面的工作：（1）定义并区分不同类型的老年需求；（2）组建"高校-城市-社区合作平台"，发布研究报告；（3）利用高校资源推进不同层次的研究；（4）建立数据库，基于数据分析得出政策干预措施；（5）针对政府工作人员实施调研，分析政策制定者眼中的老年友好环境建设的关键因素。

老年友好城市方案需要经由以下程序，首先是争取市民的建议；其次是编制规划，专家组包括高校老年中年中心研究者；再次是就规划征取相关研究机构和社会组织的建议，并做出修订。

从以上可以得知，波特兰老年友好城市规划的成功，很大程度上取决

---

① 窦晓璐等，城市与积极老龄化：老年友好城市建设的国际经验［J］，国际城市规划，2015（3）：p117-123。

于政府在政策制定上的开放和包容。另外，政府部门与高校的合作，政策制定过程中的公众参与和社区参与也发挥了重要作用。

五、中国老年宜居环境建设未来发展方向

在人口快速老龄化的社会背景下，推进老年宜居环境建设具有重要的意义。从实践层面看，中国老年宜居环境建设才开始短短的5年多时间，各方面均处于初步探索和起步阶段，仍存在许多亟待深入调查和论证的问题。理论上也存在需要进一步探讨的问题，如中国老年宜居环境的内涵是指什么，老年宜居环境具体包括哪些指标，应该如何创建老年宜居环境，老年宜居环境建设参与的主体是谁，如何科学客观地评价老年宜居环境建设状况等。针对以上问题及现有部分地区的实践状况，本文将尝试提出老年宜居建设未来发展方向的对策建议。

（一）我国老年宜居环境建设面临的主要问题

不可否认，我国部分地区老年宜居环境建设已经收到良好成效，仍存在一定不足。而大部分老年宜居环境建设非试点地区在老年宜居环境建设方面则面临不少的问题，具体如下：

1. 农村老年宜居环境建设明显滞后。现有老年宜居环境建设试点地区主要集中在沿海及发达地区的城市，对农村老年宜居环境建设的关注严重缺乏。这一方面是由于农村地区社会经济发展水平较为落后，且居民居住相对分散，进行设施改造需要的投资较大，尚不具备建设老年宜居环境的条件。另一方面，目前政府对农村地区的重视程度不够，对农村老龄化带来老年宜居环境需求认识不足。

2. 对老年人需求的关注不足。不少的社区在空间布局以及设施规划上较少关注老人的需求，导致老年服务设施建设严重滞后。这也是近年来老年人广场舞现象愈演愈烈的主要原因，社区内没有适合老年人休闲娱乐的场所，从一定程度上讲，跳广场舞也是老年人自发的文化娱乐需要。

3.现有城乡公共设施和家庭环境适老性程度较低。如公交车台阶高，不利于老年人上下公交车；马路十字路口绿灯亮的时间较短，老年人腿脚不便，难以在短时间内穿过马路，从而增加交通事故发生的概率；银行大门开启难、门前台阶高；一些大中型绿化带、公交站点、超市大卖场、医院等公共场所，缺乏可供休息的座椅；无障碍通道、盲道被堵塞等。另外，目前多数老人的家庭环境不宜居，居住在楼房中的城市老人可能面临上下楼不方便，农村老人家庭设备过于简单，老年人安全风险较大。

4.老年服务设施布局不合理，功能单一。现阶段城乡社区的老年服务设施基本仅限于老年日间照料服务中心，农村地区以敬老院为主，医疗和护理服务设施则极为短缺，难以满足老年人医养结合的需求。

5.社区尊老敬老氛围不足，为老服务队伍和组织缺乏。随着传统文化影响的日渐削弱，尊老敬老的社会氛围趋于淡漠，尊老敬老的社区文化亟待建立。另外，社区为老服务队伍和机制缺乏，相对其他年龄群体，老年人有较多的闲暇时间和精力，特别是对于低龄健康老人而言，参与社区服务可以获得精神上的满足感并且实现自身价值，从而有利于提高其生活质量。

（二）推进我国老年宜居环境建设的对策建议

尚处于初步探索阶段的中国老年宜居环境建设将不可避免地面临一些挑战和问题，针对上文中提到的问题和存在的不足，本文尝试提出以下几个方面的对策建议，以期对中国老年宜居环境建设有所帮助：

1.加强老年宜居环境建设统筹规划，加强法律法规的执行力度，将老年宜居环境建设切实纳入城乡统筹规划中，逐步完善老年人体育、文化和娱乐等活动场所，特别要加强对农村地区老年宜居环境建设的投入。

2.加强政府与非政府部门的合作，形成政府、社区、研究机构、利益相关方的合作机制，保持上下联动。整合多方力量参与老年友好环境建设规划研究，使其在具体政策制定时提供信息咨询和修订建议，提高规划的科学性和可行性。

3.提高全社会对老龄化和老年问题的认识，积极推进老年人的社会参与，将其纳入开展老年友好环境建设的所有环节，提高老年人的影响力和话语权，真正了解老年人的需求。

4. 不断健全和规范老年人设施标准体系框架。全国老龄办应牵头制订涉老设施标准、社区和家庭无障碍环境改造标准等相关标准体系框架。同时，加快修订《城镇老年人设施规划规范》、《城市居住区规划设计规范》和《城市道路交通规划设计规范》，提高老年人设施标准，方便老年人出行。

5. 政府出台优惠政策和采取措施推进老年人家庭无障碍改造。加大政府财政投入力度，每年安排一定比例的财政经费用于支持老年人家庭无障碍改造，切实改善老年人的日常生活环境。

6. 继续推进老年宜居环境建设的力度，重视老年住区建设，大力开发老年宜居住宅，政府出台优惠政策鼓励子女和老年人就近居住或共同居住，方便子女为老人提供生活照料和陪伴。

7. 大力推进养老产业的科技创新，老年宜居环境、宜居社区、老年友好型城市的建设都必须以科技创新为支撑。养老服务信息化和智能化是未来发展的必然趋势，老年宜居社区建设应与现代科技相结合，满足信息化时代老年人的新需求。

8. 重视老年宜居环境中社会环境的建设，将老年人的精神文化活动纳入到宜居环境建设内容中，例如老年人的文体活动场所设置。采取多种形式促进代际之间的沟通与理解，使尊老敬老落实到行动上。老年宜居环境的重要发展目标是方便老年人参与到社会活动中，硬件建设只是基础，而不是全部。

参考文献

［1］金晶等．中外老年宜居城市环境建设比较研究［J］．丽水学院学报，2014（36）：p56-61。

［2］朱勇．加强老年宜居环境建设［J］．中国国情国力，2014（1）：p14-15。

［3］张帆、石文．老年宜居环境研究［J］．城市规划，2010（11）：p48-50。

[4]李珊、杨忠振.城市老年宜居社区的内涵和评价体系研究[J],西北人口,2012(33):p17-21。

[5]黄加成.城市老年宜居社区建设应注意的几个问题[J],淄博师专学报,2012(30):p62-65。

[6]赵东霞.我国城市老年人宜居环境评价体系研究[J],理论界,2013(6):p68-70。

[7]黄建.论农村老年宜居社区内容框架之构建[J],中共福建省委党校学报,2015(5):p94-99。

[8]朱秀杰.人口老龄化与宜居社区建设研究[J],社会工作,2012(1):p32-34。

[9]俞梅芳.浙江城镇化进程中老年宜居环境设计研究[J],前沿,2013(22):p106-107。

[10]戴俊骋等,中国老年人宜居城市评价指标体系探讨[J],中国老年学杂志,2011(31):p4009-4012。

[11]赵东霞、孙俊龄.我国城市老年人宜居环境评价指标体系研究[J],环境保护与循环经济,2013(7):p52-55。

[12]于文彬等,老年人宜居环境体系的系统设计与应用[J],河北省科学院学报,2011(3):p10-13。

[13]李珊、杨忠振.城市老年宜居社区的内涵和评价体系研究[J],西北人口,2012(2):p17-21。

[14]窦晓璐等,城市与积极老龄化:老年友好城市建设的国际经验[J],国际城市规划,2015(3):p117-123。

[15]AdvantAge initiative. The AdvantAge Initiative. Improving Communities for An Aging Society, Visiting Nurse Service of New York[R]. New York, 2004b.

[16]朱勇.老龄化的趋势、挑战和老年宜居环境建设 http://www.cet.com.cn/ycpd/xwk/1015833.shtml。

[17]浙江省"老年友好型城市"和"老年宜居社区"建设工作有序推进,2013年5月.http://www.mca.gov.cn/article/zwgk/dfxx/201305/20130500460104.shtml。

[18]全国老龄办,多措并举优化老年"宜居环境" http://news.xinhuanet.com/politics/2013-07/03/c_116394145.htm。

第十章　智慧养老对我国养老服务及养老方式的影响

王永梅　董亭月

引　言

当前人类社会正处在两个前所未有的发展阶段，即人口结构的快速老龄化阶段和科学技术的高速发展阶段，伴随着信息技术革命的不断深入和社会生活网络化的崛起，人类如何将科学技术成果应用于应对人口老龄化的挑战之中也引起了世界各国的关注。1987 年，Geron-technology（老人福祉科技）这一学科在美国应运而生，即为老年人提供更好的生活、工作环境和适应性所开展的科学研究和产品研发；欧盟将 AAL（环境辅助生活）计划写入《欧盟第七框架计划》（7th Framework Program，FP7）和《地平线 2020》（Horizon 2020），宗旨是应用信息技术为老年人、残疾人等提供优质的生活环境；2013 年，第 20 届国际老年学会议以"数字化老龄（Digital Ageing）"作为大会主题，探讨如何利用信息技术提高老年人的健康水平和生活质量；为了更好地应对人口老龄化的挑战，我国的养老服务发展也进入了"互联网+"的新时代，全国老龄委在 2013 年成立"全国智能化养老专家委员会"，为科学技术服务于我国老龄事业发展把脉导航。可见，信息科技在应对人口老龄化的过程中扮演着越来越重要的角色，智慧养老正在成为一种世界性的发展趋势。

诚然，信息技术以其先进的技术手段和无限的创新可能为发展养老服务开辟了广阔的空间，但作为一种新型的生活方式和互动方式，智慧养老对于传统的养老模式也提出了诸多挑战。学界对于智慧养老之于老龄社会发展存在"冷"、"热"两种态度，一种认为智慧养老将可以解决我国众多的养老服务问题，应被寄予厚望；另一种则担忧智慧养老可能会引发伦理冲突，对传统养老方式传承不利。本章将站在社会老年学的立场上，对智慧养老之于养老服务和养老方式的影响进行客观、系统地梳理，并对当前我国智慧养老发展过程中存在的问题进行思考，以期引起政府、社会和学界的关注。

一、我国智慧养老的发展现状

（一）智慧养老的内涵及形式

智慧养老（smart care for the aged）是指利用信息技术等现代科学技术（如互联网、社交网、物联网、移动计算等）对老年人的生活起居、安全保障、医疗卫生、保健康复、娱乐休闲、学习分享等进行服务支持，并对涉老信息进行自动监测、预警甚至主动处置，实现技术与老年人的友好、自主式、个性化的智能交互。关于智慧养老国内学者有一段形象的描述："如果老人走出房屋或摔倒，地面安全传感器会立即通知医护人员或老人亲属；冰箱里的牛奶翻倒洒出，或是热锅在炉灶上无人看管，安在冰箱和厨房里的传感器会发出警报，一定时间内无人响应，则自动进行清理并关闭煤气；'智能厕所'能够检查老人的尿液，量血压、体重，让如厕变成医疗检查，所测数据直接传送到社区卫生服务中心的老人电子健康档案，一旦出现数据异常，智能系统会自动启动远程医疗，必要时上门进行卫生服务"。

随着中国社会养老服务体系的建设，以及科学技术与养老服务的结合，智慧养老的内容也在不断丰富。根据养老服务供给地点的不同，智慧养老可以分为不同的类型，如智慧养老的居家模式、社区模式、机构模式与虚拟模式。根据应用目的和实施主体的不同，智慧养老可分为三个方面：第一，政府部门推动行业管理工作的信息化，构建行业管理信息化平台；第二，市场运营推广的以促进老年人健康、改善老年人生活为目的的各类信息化应用及智能终端；第三，专业养老服务机构采用信息化应用和智能化设备开展的养老服务。

（二）我国智慧养老产品/服务的现状

为了更全面地了解我国智慧养老的发展情况，我们采用文献计量学的方法梳理了当前智能化产品或服务对我国老年人生活的介入情况（见表1）。利用万方中外专利数据库（2005年—至今）、中国期刊全文数据库（2000年—至今）和中国重要报纸全文数据库（2000年—至今）进行检索，共获得期刊文献74篇，专利文献29篇。

表1 信息科技产品或服务介入我国老年人的生活情况

介入形式	产品或服务高频词汇
通用产品/服务	固定电话、答录机、数码相机、台式电脑、便携电脑（笔记本）、掌上电脑（pad或ipad）、手机、打印机、摄像机、传真机、扫描仪、ATM（存取钱、交公共事业费）、芯片卡（银行卡、医保卡、一卡通等）、公共信息查询机、自动售货机、自动售票机、数字信息亭、POS机、物联网（电子物流）、有线宽带网络、无线网络、安全防范技术、烟雾报警器、煤气泄露报警器等
老年专用产品/服务（大多出现在2005年之后）	老年智能轮椅（多功能护理轮椅）、老人上下楼梯助行系统、老人智能室内助动系统、尿便失禁预警监测装置（失禁感应器）、动作探知感应设施（离床感应器、跌倒监测报警器）、老人智能生活起居床、老年智能医药箱、老年智能食品采购系统、老年GPS鞋（防走失）、老年智能手机、老年健康监测系统（身体指标监测、紧急呼救功能）、老年智能浴室、老年人家用电器监控仪、老年跌倒报警鞋、GPS老年代步车、老人用带测温功能的电脑、基于GPS定位的自动报警拐杖、老年应急制氧手机、老年防跌倒电子裤、老年电子护膝、老年袖珍心血管监护仪、老年热线、宠物机器人（老年机器人）等

备注：资料来自万方中外专利数据库（2005年—至今）、中国期刊全文数据库（2000年—至今）和中国重要报纸全文数据库（2000年—至今）的74篇期刊文献和29篇专利文献。

根据马斯洛的七层次需求理论①进行分析，将生理、安全、情感和受尊重需要看作基本需要（basic needs），将审美、认知和自我实现看作成长需要（growth needs），可见当前我国智能化产品或服务对老年人的基本需要关注较多，而对老年人的成长需要关注较少，这也说明我国的智慧养老仍处于较低发展水平，尚有较大的发展空间。另外，从专利的发展来看，近10年来智慧养老相关专利有了较大发展，而且智能化产品或服务对我国老年人生活的介入形式呈现出由被动介入向主动介入发展的趋势，随着老龄化程度的不断加剧，智慧养老对老年人生活的介入将会越来越重要。

（三）我国智慧养老的发展环境

正如老年学是一门多学科交叉的综合学科一样，智慧养老也吸引了众多专业的研究者加入。从参与人员的专业来看，分布非常广泛，包括人类工效学、心理学、老年学、老年医疗卫生、信息技术工程、产品设计、技术创新与管理、服务创新与管理等；从涉及的单位来看，有政府部门、研发机构、企业、基层社会组织，甚至第三部门等。多元化的创新主体对进一步推动我国智慧养老具有重要作用，为有效地利用信息科技应对人口老龄化问题奠定了基础。

近年来，政策措施和资金投入都对智慧养老发展进行了明显倾斜。2011年至今国家出台的众多涉老政策中都提到了要利用信息科技的手段发展养老服务业（见表2），而且科技部资助的大型国际科技合作专项"中芬基于LivingLab的智慧设计创新网络平台研发与应用示范"也将智慧养老作为重要一部分。据不完全统计，国家自然科学基金、国家社科基金、科技部、工信部、教育部、大型国有企业等，每年都会拨出一定的经费支持智慧养老项目研发；而且，作为"新一代信息技术产业"的一个分支，国家在金融、税收等方面也对智慧养老给予了支持。同时，2013年全国老

---

① 马斯洛（1908-1970）最初提出了经典的五层次需求理论，但在1970年他又在五层次的基础上加入了审美和认知需要，形成了包含生理、安全、情感、受尊重、审美、认知和自我实现的七层次需求层次理论。此处考虑到老年人的实际需要，以七层次理论进行分析。

龄办批准筹建全国智能化养老实验基地和全国老龄智能科技产业园，并在全国推进"智能化养老实验基地"建设。可以说，我国的智慧养老发展已初具规模，并且具有良好的发展环境。

表2 我国智慧养老发展的相关政策

时间	政策名称	相关内容
2011年9月	《中国老龄事业发展"十二五"规划》（国发〔2011〕28号）	"促进老年用品、用具和服务产品开发。重视康复辅具、电子呼救等老年特需产品的研究开发。""推进信息化建设。建立老龄事业信息化协同推进机制，建立老龄信息采集、分析数据平台，健全城乡老年人生活状况跟踪监测系统。"
2011年12月	《养老住区智能化系统建设要点与技术导则》	由住房和城乡建设部住宅产业化促进中心编制，系统规定了养老住区智能化系统的要求，包括住区网络系统、综合信息平台、综合服务系统、能耗监管与环境监测、生命体征监测、新技术新产品应用等
2011年12月	《社会养老服务体系建设规划（2011－2015年）》（国办发〔2011〕60号）	"运用现代科技成果，提高服务管理水平。……采取便民信息网、热线电话、爱心门铃、健康档案、服务手册、社区呼叫系统、有线电视网络等多种形式，构建社区养老服务信息网络和服务平台，发挥社区综合性信息网络平台的作用，为社区居家老年人提供便捷高效的服务。"
2012年1月	《关于印发现代服务业科技发展"十二五"专项规划的通知》（国科发计〔2012〕70号）	"构建老年人和慢性病医疗健康服务平台与技术支撑体系，促进老龄服务产业发展"。"突破海量资源存储和网络信任服务支撑技术，创新……养老服务和残疾人服务模式，构建一体化的……养老和残疾人服务示范，培育第三方服务企业，提升社保公共服务水平。"
2013年9月	《国务院关于加快发展养老服务业的若干意见》（国发〔2013〕35号）	"发展居家网络信息服务。地方政府要支持企业和机构运用互联网、物联网等技术手段创新居家养老服务模式，发展老年电子商务，建设居家服务网络平台，提供紧急呼叫、家政预约、健康咨询、物品代购、服务缴费等适合老年人的服务项目。"

续表

时间	政策名称	相关内容
2013 年 10 月	《北京市人民政府关于加快推进养老服务业发展的意见》（京政发〔2013〕32 号）	"推进养老服务科技创新。……以'智慧社区'建设为依托，利用现代互联网、物联网等技术，创新居家养老服务模式，发展老年电子商务，建设科技养老服务平台，开发老年家庭医疗监测和传感系统，为老年人提供居家生活、医疗保健、紧急救助等方面远程监护服务。"
2013 年 12 月	《民政部办公厅、发展改革委办公厅关于开展养老服务业综合改革试点工作的通知》（民办发〔2013〕23 号）	"运用互联网、物联网等技术手段，提高管理和服务信息化水平。"

二、智慧养老为养老服务发展带来新机遇

作为对于传统养老模式的一场革命，智慧养老结合信息科技的优势和力量，为我国养老事业面临的难题与困境提供新了的思路与切实可行的实践道路。

（一）智慧养老可以提高养老服务效率，缓解照料资源不足的压力

由于我国人口结构急剧转型，"4-2-1"家庭普遍存在，老少抚养比日渐升高，传统的老年人照料人员严重缺乏；加上人口预期寿命延长、人口流动、城镇化等原因，使得高龄老人、空巢老人和留守老人不断增多，这对照料服务提出更高要求。而以信息科技为核心的智慧养老可以通过远程监控和远程照料来实现对老年人的照料，这样就可以大大地提高照料效率，比如对于居家养老的老年人，社区可以通过安装远程监控平台对多个老年人进行照料和服务，这样就节省了家人或子女的照料成本，使他们更好地投入到经济社会建设当中。同时，通过发展智能化照料系统，养老机构的照料者（主要是医护人员和养老护理员等）也可以提高自身的照料效率。

（二）智慧养老可以提高老年人自理能力，提高其生活质量

一方面，智慧养老可以弥补老年人的身体机能衰退之不足，提高其生活自理能力。例如给记忆力较差的老年人配备 GPS 定位装置、智能医药箱、家用电器监控仪，防止老人走失、吃错药和忘记关电器；给腿脚不灵便的老人配备防跌倒电子裤、老年智能轮椅、老年智能拐杖、智能食品采购系统，让其"活动自如"；这样一来，部分在传统意义上被认为是生活不能自理的老人或残障老人也成为自理老人了。另一方面，智慧养老能够替代性地满足老年人的精神慰藉需求。例如老年人可以通过互联网非常便利地与亲朋保持密切联系，从而弥合他们社会关系网络不断弱化的趋势；而且，老年人的精神文化生活也因为智慧养老而得到改善。针对北京地区老年人的一项调查显示：14.4% 的老年人通过上网打发闲暇时间，超过了棋牌娱乐、养花养宠物和广播传媒等传统休闲方式。

（三）智慧养老可以助力老龄社会经济发展，激发科技创新活力

随着信息技术革命的不断深入，以信息主义、网络化和全球化为核心的新经济形式逐渐显现，而智慧养老也成为新经济形式的重要一员。当前，全球经济呈现出由"工业型经济"向"服务型经济"转变的趋势，以老年人群为目标的服务行业也不再单纯属于福利性行业，加上信息科技因素之后，"银龄经济"也成为了经济增长的一个重点突破口，也就是说智慧养老环境下老年人不再是社会的负担，而是经济增长的重要拉动者和推动者。《社会养老服务体系建设规划（2011—2015 年）》明确提出，要"采取便民信息网、热线电话、爱心门铃、健康档案、服务手册、社区呼叫系统、有线电视网络等多种形式，构建社区养老服务信息网络和服务平台，发挥社区综合性信息网络平台的作用"，这样一来就激活了我国的科技创新活力，进而拉动老年信息科技产业的发展，从而实现对经济社会发展的贡献。

三、智慧养老对传统养老方式提出新挑战

智慧养老在为我们应对人口老龄化创造机遇的同时，也对老年人个体与老年人群体的发展提出了挑战，反过来老龄社会也对智慧养老的技术发展提出了较高要求。

（一）智慧生活改变了老年人的传统生活方式，影响其身心发展

一方面，老年人面临着科技恐惧症的困扰。"拿着手机不会发短信，守着电脑不敢开，放着ATM机不用却要排长队……越来越多的老人在面对看似平常的科技产品时显得非常尴尬"，因为老年人的认知图式（Cognitive Schema）主要是基于在场空间信息加工形成的，要加工（信息选择、整合和理解）来自网络缺场空间的信息不免困难重重。以物联网、远程照护、智能家居为基础的智慧养老服务不断介入老年人生活，老年人不得不整日生活在远程遥控、摄像头、监控器之下，这样不免加剧了老年人的科技恐惧症。另一方面，老年人面临着更大的反向社会化压力。由于接受能力存在差异，导致代际之间在接近、掌握和使用智能化产品或服务时存在"代际数字鸿沟"，子代往往是"信息的富者"，父代却沦为了"信息的贫者"，子代也借此获得了对父代"知识反哺"的话语权，甚至在知识技能、人生观、价值观和养老观念等方面，老年人也逐渐处于"被反哺"的地位，这样一来，智慧养老盛行的过程也是老年人不断被客体化、被反向社会化的过程。不可否认，智慧养老在减轻家庭和社会的养老压力方面具有较大潜力，但也给老年人带来了诸如程序复杂不便操作、不能满足高层次需要、担心整日生活在"监控"之下等烦恼。

（二）智慧生活重塑社会养老观念，影响子代的孝老行为发展

信息科技引起的社会结构变化也重新塑造着人们的养老观念，孝老行为也因此发生着变化。一方面，智慧养老的流行使得子女或护理人员的远程监控成为智慧养老的重要形式，在日本、瑞士、美国等发达国家机器人

甚至已开始介入养老活动等。这样一来，老年人所期盼的子女的"床榻侍奉"和"膝下陪伴"将越来越少，子女甚至护理人员"缺位"将成为一种常态，传统的养老观念面临着挑战。另一方面，孝老行为标准也在发生改变。2013年7月1日生效的《老年人权益保障法（修订版）》将"常回家看看"纳入法律，并提出"与老年人分开居住的家庭成员，应当经常看望或者问候老年人，此处的'问候'可以是'打电话、发短信'"，而且由全国妇联老龄工作协调办、全国老龄办等共同发布的"新二十四孝"中也包括"每周给父母打个电话、教父母学会上网"。可见，传统的养老观念和孝老行为都因信息科技的发展而发生了变化，智慧养老所带来的代际关系变化、伦理冲突以及社会矛盾正在成为我们将面临的一项挑战。

（三）智慧养老强调技术实现，挑战积极老龄化强调老年人主体地位宗旨

"健康、保障和参与"三位一体的积极老龄化将战略重点从以往"以需求为基础"转变为"以权利为基础"，强调老年人的主体地位。然而，由于当前智慧养老的推动力量主要来自技术研发部门，他们关注的往往是技术实现问题，即技术如何为老年人服务以及技术可能产生的效益，对于老年人是否悦纳这些产品和服务以及能否真正促进老年人的全面发展关注并不多。研究发现，老年人并不愿意整日生活在"监控"之下、长期网络购物会降低老年人的生活满意度、智能化产品并不能满足老年人的高层次需要。科学技术的本质在于以人为本，即解放人、发展人并实现人的全面发展，积极老龄化也强调养老服务要凸显老年人的主体地位。因此，如何处理好技术至上与以人为本的矛盾，是我们推行智慧养老面临的一大挑战。

（四）智慧养老的发展具有不平衡性，加剧了老年公平问题的严峻性

"建立不分年龄，人人共享的社会"，是国际老年人年的重要倡导目标，也是各国应对人口老龄化的重要宗旨。然而，作为一种为老服务解决方案，大多数智慧养老的产品或服务旨在追求技术先进性而非普适性，这就导致智慧养老项目大多设在发达的城市地区，尚不能触及广大的农村老年群体。同时，由于一些智慧养老产品或服务的使用，需要老年人具备一定的经济基础和文化基础，这就不可避免地导致一些老年人处于不利地位。当城市老年人特别是老年知识分子已经开始享受智慧养老带来的生活便利时，农村老年人却不知网络为何物（当前我国农村老年人上网比例仅相当于全国平均水平的六分之一）。当然，随着时代的发展和老年人文化程度的提高，智慧养老会惠及所有老年人，然而当前，争取在推进智慧养老过程中实现效率与公平并进，是政府需要面对的一项挑战。

四、我国在推进智慧养老过程中存在的问题

智慧养老不断推进的过程是信息科技不断助力养老事业的过程，也是其不断介入老年人生活的过程。如果将智慧养老分为智慧产品或服务本身、智慧产品或服务提供主体和智慧产品或服务接受主体三个部分，我们就可以清楚地看到目前我国智慧养老存在的问题。

（一）从智慧养老的提供主体来看，我国尚未建立智慧养老的"科学共同体"①

国外早在 1997 年就成立了"国际老人福祉科技学会（*The International Society for Gerontechnology*）"，日本、德国以及我国台湾地区也都成立了专门的老年福祉科技研究机构。但是，目前我国参与智慧养老开发的主体虽然庞大且发展迅速，但大多处于自发状态，不同专业的学者或机构分别在自己的概念体系与研究范式中开展研究。以"智慧养老"概念使用为例，

---

① 科学共同体（scientific community）是科技哲学家和社会学家库恩《科学革命的结构》的核心概念之一。他认为科学共同体是科学建制的核心，由科学家组成的专业团体，具有共同的追求目标，为加强交流、促进科学进步而结合在一起。科学共同体有多种功能，包括塑造科学规范和方法、科学交流、出版刊物、维护竞争和协作、承认和奖励、培育科学新人、争取和分配资源、与社会的适应和互动、科学普及或科学传播等。

所查到的资料中出现了智能化养老、智能养老、数字化养老、科技养老、养老信息化等多种说法，几个词语的内涵虽然基本一致，但使用过程中却千差万别。研究范式的不统一往往会使不同专业的学者无法很好地开展合作，所开发出来的产品或服务也难以被众多老年人接受。因此，当这一学科在我国方兴未艾之时，成立旨在共同推进和规范智慧养老服务事业发展的"科学共同体"是非常必要的。

（二）从智慧养老产品或服务本身来看，尚未处理好技术先进性与普适性之间的关系

一方面，智慧养老产品或服务的安全性能、适老特征和质量水平仍有待进一步提高。目前，我国智慧养老仍处于初级发展阶段，其开发过程仍比较粗犷，技术创新主体对于老年人信息科技需求把握不到位的现象仍比较突出，这就不可避免地导致老年人对智慧养老产品或服务的排斥，严重时还可能对老年人的安全带来隐患。因此，在今后的开发过程中，应积极探索出一条可以保证老年信息科技产品/服务安全、高效及适老的技术创新模式。Living Lab 就是一种很好的开放创新模式。[①]另一方面，作为一种为老服务解决方案，智慧养老尚不能解决我国面临的普遍性问题。因为目前以技术先进性为目标的老年智慧养老产品或服务，往往旨在打造精品服务项目或者适老示范社区，这对于解决我国众多老年人口的实际需求来说杯水车薪，特别是当其尚不能触及广大的农村老年群体时，这种效应就更加明显。

（三）从智慧养老产品或服务使用主体来看，尚未处理好技术驱动与需求引导之间的关系

一方面，老年人的信息素质及信息科技接受性亟需提高。信息素质是人们利用多种信息工具使得问题得到解答的技术与技能，是信息社会公民

---

① Living Lab 以实际生活环境为依据、以人为中心，倡导用户参与创新过程，可以为老人提供优质的生活辅助服务，改善老年人的福利生活质量，使老年人能够受益于信息化社会。

重要的生存技能之一。研究显示，我国老年人信息素质普遍偏低，这直接导致老年人对智慧养老的接受性较低。另一方面，老年信息科技市场需要进一步细分。因为老年群体内部差异非常大，对于智慧养老产品或服务的需求也千差万别，当务之急是需要深入研究老年人使用智慧养老的普遍性需求和个性化需求，进而对市场进行细分。可以说，如何处理好智慧养老过程中的技术驱动与需求引导也是我们面临的一项挑战。

（作者简介：王永梅，女，河北邯郸人，中国人民大学老年学研究所博士研究生，研究方向为社会老年学、智慧养老、养老服务利用等，13810301557，Wang-Ym@ruc.edu.cn；董亭月，女，河南信阳人，中国人民大学老年学研究所博士研究生，研究方向为社会养老服务、为老服务、老年参与等，dong_tingyue@ruc.edu.cn）

参考文献

［1］徐業良.老人福祉科技与远距居家照顾技术，沧海书局，2008.

［2］Burdick. D. C. Gerontechnology［A］. Birren，J. E. Encyclopedia of Gerontology 2ed［M］. Oxford: Academic Press，2007，p619–630.

［3］王萍.新媒介使用对老年人生活质量的影响［J］.理论界，2010，（10）：p186–188。

［4］王永梅.网络社会与老龄问题：机遇与挑战［J］，学术交流，2014，8.

［5］D C Burdick. Gerontechnology［A］. James E Birren. Encyclopedia of Gerontology 2ed［M］. Oxford: Academic Press，2007，P619–630.

［6］Graafmans. J，A，M.，Bouma，H. Geron-technology，fitting task and environment to the elderly. Proceedings of the Human Factors and Ergonomics Society，1993，1: 182–186.

［7］左美云.智慧养老的内涵、模式与机遇［J］，中国公共安全，2014，10:48–50。

［8］王欣刚.信息化养老服务系统平台的规划与设计［D］，南京邮电大学硕士学位论文，2011。

[9] 季尚尚. 北京地区老年网民网络媒体接触研究[J], 广告大观（理论版）, 2009, 3: 76-90。

[10] 李图强. 帮老年人消除"科技恐惧症"[J], 社区, 2011, (10):p26-28。

[11] 冯锋、陈光. 基于网络社会的代际特征初探[J], 江淮论坛, 2005, 2:p83-85。

[12] Brink, Michiel, Van Bronswijk, Johanna E. Addressing Maslow's deficiency needs in smart homes[J]. Gerontechnology, 2013, 11（3）:p445-451.

[13] J L Fozard, J Rietsema, H Bouma. & J A M Graafimans. Gerontechnology: creating enabling environments for the challenges and opportunities of aging[J]. Educational Gerontology, 2000, 26:p331-344.

[14] 张晋龙. 专家释疑"常回家看看"条款，打电话发短信问候也行[N], 扬子晚报, 2013-07-07。

[15] 陈社英. 积极老龄化与中国：观点与问题透视[J], 南方人口, 2010, 25（4）:p35-58。

[16] 中国互联网络信息中心, 2013年中国农村互联网发展调查报告[R], 2014年5月。

第四篇 特殊人群养老方式研究

第十一章　中国农村的养老方式

丁志宏

　　我国农村人口老龄化呈现基础规模大、发展势头猛、高龄化加剧、地区分布不均衡、未富先老等特点。如何积极应对农村人口老龄化，有效解决农村养老问题，事关我国应对人口老龄化全局。

　　养老方式是积极应对人口老龄化的重要内容，采取何种养老方式对老年人生活质量有重要影响。本部分将对我国农村养老方式进行剖析，探讨其在社会转型过程中的变化及原因，并提出我国农村养老方式未来发展建议。具体分析中，我们将我国农村养老方式分为自我养老、家庭养老、居家养老和机构养老四种情况。这种区分并不是说各种养老方式完全对立，而是出于便于分析的目的。实际上，任何一种养老方式都是相对的、有条件的。如自我养老虽不同于家庭养老，但与家庭养老关系密切，现实中，自我养老和家庭养老常常是有机结合起来的、相辅相成的，当养老资源完全由老年人自己提供时，就是纯粹意义上的自我养老，随着年龄的增长，身体失能程度的增加，在养老资源完全由家庭成员提供时，就是纯粹意义上的家庭养老。实际生活中我们见到的老年人养老更多采用的是混合型养老方式，只不过哪种养老支持更占优势罢了。

一、农村养老方式现状、挑战及原因

（一）自我养老

1. 自我养老内涵及意义

目前，人们对"自我养老"的称谓并不统一，有的称"自我养老"，有的称"独立养老"，这种差异往往是和自我养老内容联系在一起。有学者认为自我养老就是经济自立（穆光宗，姚远）。也有学者认为自我养老就是经济自立和生活自理（刘从龙，1996）。还有学者认为自我养老就是经济自立、生活自理和精神自强。徐勤等人认为老年人自立包括经济、生活和心理三个方面。经济自立指老年人有自己独立的收入来源，包括退休金收入、劳动收入和个人储蓄等。在生活方面的自立通常称之为"自理"，指身体健康，或者虽有残疾但不需要别人的帮助而能独立料理生活。心理自立包括把握自己的生活意识，精神愉快，没有孤独感和寂寞感，亦称为"自强"（徐勤，郭平，1999）。上述三种概念，笔者认为最后一种界定较为全面。

提倡自我养老具有积极意义。从老年群体自身看，有助于提高老年人自身生活质量、尊严和在家庭中的地位；从整个社会看，它节省了社会财富，可以有更多资金投入社会扩大再生产，有利于经济的发展和提高社会应对人口老龄化的承受能力；另外，自我养老还有助于在全社会培养养老靠自己的观念，为未来老年人的养老探索一条新途径；最后，自我养老的推行和观念的建立对目前中青年的养老提供了一条切实可行的途径。

2. 农村自我养老实践面临的困境

研究显示，农村老人主要依靠劳动收入和其他家庭成员供养，二者比例之和高达88.9%。从2005年到2010年，农村老人对其他家庭成员供养的依赖有所降低。但是,实现农村老人自我养老还存在诸多困境:第一,农村老人经济资源有限,经济自养能力不足。自我保障能否持续下去取决于老年人是否有一定的经济资源支持。总体看,我国大多数农村老年人经济资源有限,经济自养能力不足。宏观上,农村经济发展水平整体上还处较低发展阶段,农民收入水平比较低。微观上,老年人是农村社会的弱势群体,特别是高龄老人由于年龄和身体原因,无法继续从事农业生产劳动,无力通过从事农业劳动获取个人经济收入,贫困发生率较高。再者,家庭内部代际剥削影响老人经济支持能力。传统上我国家庭代际关系属于"反馈模式",但当前家庭代际关系出现严重失衡,存在严重的代际剥削,如父母对子女的经济补贴远远大于子女对父母的补贴;成年子女住父母家里,不交或少交生活费等。第二,农村老人身体健康状况堪忧,日常生活照料自理困难。农村老人日常生活照料自理能力的实现,需要老人有相对健康的身体,然而由于长期重体力劳动和个人保健意识缺乏,使得农村老人身体健康状况堪忧,部分老人处于各种疾病缠身状态,难以实现个人自我生活照料,农村存在数量不小的失能、半失能老人群体等特殊老年群体。第三,情感慰藉危机重重。情感慰藉是老人在满足经济需求、日常生活照料需求基础上,在精神层面上的需求。农村社会的空心化以及农村社会关系的陌生化,消解了传统熟人社会中守望相助的传统,破坏了农村社会传统的熟人社会关系网络。而农村老人家庭空巢化和子女居住远距离化又进一步加剧农村老人对精神慰藉的情感需求,使农村老年人出现一定程度上的精神危机,部分老人的生活孤独寂寞,甚至出现老年人自杀现象。

(二)家庭养老

1. 家庭养老方式传统功能

家庭养老既是一种养老模式,也是一种养老方式,家庭养老模式是文化模式,具有稳定性特征,家庭养老方式是行为方式,具有可变性特征。

家庭养老方式是在家庭养老模式框架中变化，变化是有限度的。家庭养老是我国农村最主要的养老方式，这种现状肇因于道义责任的约束，法律规范的强制，社会保障替代水平低下的局限以及老人与家庭的经济互动。

在特定历史环境和文化背景下，家庭承担着养老的所有内容，并较好地解决农民的养老问题。首先，家庭是老年人经济供养主体。传统社会，农业生产以耕地、农业生产资料和劳动力相结合的方式进行。这种生产方式中，土地资源可在家庭内部实现代际转移，除农业生产外，农民并无其他谋生手段，由此决定后代要想获得土地必须以赡养父母为条件，子女的农业生产技能也主要靠上一代人传授，这种经济上高度依赖使得子辈必须服从父辈管束，以土地维持生活并赡养老人，土地收益成为农民养老的主要经济来源。新中国成立后，农村养老保障经历了家庭保障、人民公社时期集体保障和改革开放之后以家庭保障为主其他保障为辅等三个时期。由于国家长期实行城乡二元经济发展战略，政府和社会尚未完全承担起对农村老人养老义务，导致农村老人的经济供养主要由家庭和个人承担。

其次，家庭承担着照料老人生活的主要责任。长期以来，我国农村家庭关系中渗透着传统道德力量，以"孝道"为核心的伦理观念较强，照料老人生活的责任基本上由家庭承担。农村过去长时间里很少变迁的性质也决定人们生活在一个熟悉的环境中，子女不守"孝道"会受到邻里和亲族的谴责。

最后，家庭是农村老人精神的寄托与归宿。由于农业生产技能家庭传承的特殊性及传统家文化的约束，老人在家庭中具有高地位，晚辈对长辈尊重有加，很好地满足老人对受尊重的需求。同时，由于世代在一个地方生活，家庭成员很少离家外出，加上家庭人口多，家庭成为老人享受"天伦之乐"的地方，是老人精神的寄托与归宿。

2. 家庭养老面临多种困境及原因

虽然家庭养老作为中国农村养老的主要方式传承数千年，但是在社会转型时期，农村家庭养老正面临冲击，出现养老功能弱化。第一，经济供养不足，老人生活贫困。现阶段，农村老人经济来源主要有两个：一是土地收入，随着年龄的增高和体质的下降，老人对土地的投入不断减少，经济收入越来越低，部分老人不得不将土地转给子女经营或转包出去，由子女提供部分养老费用或靠土地租金维持生活；二是子女提供养老费用，这部分经济来源通常比较少，子女拖欠或拒付养老费现象也屡见不鲜，有时不得不诉诸法律解决。第二，生活照料难以实现，老人生活不便。目前，农村出现大量"空巢家庭"、"隔代家庭"，老人不但得不到子女经常照料，身体健康状况允许的老人还要担负照料家庭责任。一旦健康状况恶化或到了生活难以自理的年龄，则可能陷入生活无人照料的困境。第三，缺乏精神慰藉，老人孤独感加深。由于空巢家庭增多，子女迫于生活竞争，与老人见面、情感交流时间减少，老人得不到子女的精神慰藉，加之农村文化娱乐设施匮乏，孤独寂寞伴随着越来越多的老人。

农村传统养老功能弱化，从深层次看，原因在于家庭养老文化发生转变。人口流动和社会转型使"崇老文化"发生变化，"老则贵"观念大为淡化，老人地位高不可攀已为"平等一员"所替代；"唯父是从"观念也转变为强调个人发展，绝对服从变为平等对话。虽然仍"以老为尊"，但不再绝对化，也不再与政治思想相联系，回复到道德本位。从经济来源看，由于土地生产经营收益低下，难以维系家庭养老功能。农村老人依靠土地收入自养的前提条件，是家庭经营的土地产出收入能够达到满足基本养老需要的水平。从现实情况看，由于受农产品生产成本不断提高、价格相对较低等因素影响，增产不增收已是一个不争的事实，以土地保障为基础的农村家庭养老难以为继。从社会变迁看，城市化进程加快导致家庭养老功能快速弱化。第一，乡村人口流动，青年子女大部分时间在家庭之外度过，家庭成员间面对面交流越来越少，老人在健康状况不佳时，会面临生活不便、照料不够、精神苦闷等问题。第二，城市化推动文化多元化，年轻人自我意识加强，家庭至上观念为追求个人发展所代替，个人更注重自身价值实现。同时，农村家庭非农收入所占比重越来越大，即使是从事农业生产，也更多地依赖于现代科技知识，子女从父辈处获得劳动技能的需求降低，老年人的经验、知识在生产过程中的指导作用越来越小。这些都不同程度导致老人家庭控制力和地位的下降。第三，在城市化影响下，农村大部分家庭出现"代际倾斜"现象，一些青年夫妇较重视子女的教育和成长问题，有限的时间、精力和财力都向子女倾斜，导致"重幼轻老"现象，这对老年父母的心理健康和实际生活质量都产生了负面影响。从年龄结构看，农村老年人口高龄化趋势也加重家庭养老负担。随着寿命的延长，老年人口患病率、伤残率上升，与老人寿命延长相伴的是"高龄化"所带来的家庭养老负担加重，不仅反映在经济供养不足，更使生活照料和精神慰藉问题日益突出，导致农村家庭养老功能的弱化。

（三）居家养老（社区养老）

1. 农村居家养老的优势

家庭养老虽然是我国农村传统的养老方式，但随着老年规模扩大、家庭小型化和空巢化，以及子女大量外出，家庭养老功能开始弱化。作为家庭养老的补充，养老机构在为老年人提供服务方面也面临着不少困难，如养老床位供给紧张，老人对养老机构的排斥，养老费用较高等。相对而言，居家养老、具有成本低、覆盖面广、服务方式灵活、富有人情味等特点，成为我国农村养老社会化的必然选择。

具体而言，居家养老的优势有以下几点：第一，整合了养老资源。农村居家养老服务突破传统家庭单一供给主体的能力局限，强调政府、社会、社区和家庭等多元养老主体共同参与农村养老服务，通过整合政府的制度资源、社会的人力资源、社区的设施资源和家庭的亲情资源，构建为老服务社会支持网络。第二，符合老人养老意愿。农村居家养老服务不会将老人束缚在敬老院、养老院，而是让老人居住在家或熟悉的社区中享受养老服务，具有便利性强、舒适度高、自由度大等特点，符合老年人"落叶归根"的传统养老观念。第三，降低养老成本。一方面，居家养老不需要建设供老人居住的院舍，可以利用闲置的校舍、空房等资源建设农村居家养老服务中心，降低硬件建设成本；另一方面，居家养老服务的专兼职人员主要是经过培训的当地农村妇女，志愿者队伍主要由低龄健康老年人构成，就地取"才"式的服务队伍可以降低人工成本。

2. 居家养老服务面临的困境及原因

从服务内容看，居家养老服务有狭义和广义之分，狭义居家养老服务包括为老年人提供生活照料、家政服务、康复护理及精神慰藉等综合服务。广义居家养老服务包括衣食住行、医疗保健、学习教育、健身娱乐、情感慰藉、法律咨询、生活援助、社会参与等内容。

目前，农村居家养老服务仍处在试点起步阶段，老年人对养老服务的利用频度相对较低，居家养老服务供给与老人的养老需求还存在一定差距。第一，服务内容单一。随着生活水平的提高，农村老人对服务的需求由物质层面扩展到精神层面，由生理需求延伸到社会需求。然而，受资金和管理经验限制，农村居家养老服务呈现出服务内容单一的倾向。第二，专业人才短缺。由于农村居家养老组织缺乏吸引、使用和培养专业服务人才的有效机制，从业人员存在文化程度低、专业技术差等问题。面对农村老年人对专业化养老服务的强烈需求，农村居家养老服务的工作人员还存在数量不足、水平不高问题。第三，行政色彩浓厚。农村居家养老服务工作目前主要由民政部门负责管理，横向上，没有与其他部门形成有效分工合作机制，社会组织所拥有的养老服务资源也没有得到有效利用；纵向上，基层组织作为各项工作的落实机构，承担着过多的行政职能，无暇监管居家养老服务的运行。

农村居家养老出现以上情况，其原因主要有以下几点：一是政策约束。《中华人民共和国农村五保户供养工作条例》对供养对象、供养内容、供养形式、监督管理和法律责任等有明确规定，要求各级政府把农村五保供养服务机构建设纳入经济社会发展规划，而对居家养老，目前政策只处在倡导阶段。二是农村老人居住分散，养老消费能力低，对社会养老服务需求少，养老服务投入产出不平衡。我国绝大部分老年人养老观念比较传统，更为重要的是，农村老人社会保障不完善，加之收入来源有限，经济上的困难使他们不愿意在养老服务上花费更多的钱。三是农村养老服务业从业人员素质较低、待遇差也是影响其发展的重要因素。为节省资金，大多数居家养老服务机构多聘请年龄在四五十岁、受教育程度在小学和初中的妇女从事护理工作。四是社会资本介入老年服务业比较困难。虽然民政部发布《关于鼓励和引导民间资本进入养老服务领域的实施意见》，鼓励民间资本参与居家养老服务，但实际操作中，民办养老机构在获取养老事业用地、房屋上困难较多。第四，家庭养老思想仍占主流。虽然家庭养老功能逐渐弱化，但受传统养老观念的影响，大部分农村老年人对"家"有着深厚的感情，愿意家庭养老的老人比例依然较高。

（四）机构养老

1. 农村机构养老的功能

机构养老是与居家养老相对应的社会养老方式，作为正式养老支持，对家庭非正式养老支持起到重要的补充作用。入住养老机构有以下几点优势：第一，可以减少孤独。老年人有机会和服务员以及其他老人沟通交流，可以舒缓精神上的孤寂。第二，生活有安全感。当老年人身边无子女或没有配偶时，独自起居很不安全，容易发生意外，在养老院则24小时有人值班，一旦发生意外，会有人及时处理。第三，减轻家庭养老压力。老年人住养老院减轻了子女的养老压力，有利于家人和老人生活质量的提高。第四，提高老年生活质量。人到老年，或多或少有些疾病，且多为慢性病，在养老院可以得到有计划的健康管理和治疗，生活更有规律，一日三餐营养均衡，运动及娱乐活动适度，有利于老人身心健康。第五，养老机构可以向老人提供专业、高效的老龄服务，尤其是临终老人，在养老机构可以得到更多关怀和专业护理。但是，其劣势在于需要重新适应环境、重建人际关系，养老成本高等。

2. 农村机构养老现状

目前，农村机构养老呈现以下几个特点：

第一，机构养老供不应求与资源利用率偏低共存。目前，真正在机构养老的农村老人比例很小，同时，养老机构床位利用率并不高，一些养老机构入住率只有五六成，有的才二三成。养老机构出现的这种矛盾现象，一个重要的原因在于长期以来农村公办敬老院主要针对"五保户"开展养老服务，还没有对其他有需求的老人开放。民办养老机构费用高，老年人支付能力不足。另外，服务品质有限也是部分养老机构入住率偏低的重要原因。老年人养老需求不单表现在吃、穿、住、医等基本需求上，还表现在精神慰藉等方面，因而在选择养老院时，老人及其家属往往比较关心服务质量。但是，目前一些养老机构相对养老需求来说，服务内容简单、服务方式单一、服务标准化低、设施条件较差，管理滞后。

第二，养老机构微利甚至负债运营，自我发展能力不强。自我发展能力不强是当下很多养老机构共同面临的难题，无论公办还是民办的养老院，都面临巨大的生存压力。其原因有以下几点：其一，入住率不高，机构提高收费标准，老年人住不起，在品牌没有形成的背景下，导致了恶性循环。其二，成本开支大。如电费，根据有关部门规定，养老机构电费应该按居民用电价格收取，但到目前为止，许多养老机构应得的用电优惠无法享受。加之人工成本，给养老机构运营造成极大的经营压力。其三，政策层面，国家的优惠政策没有完全落实到位，如政府对床位补贴过低。

第三，养、护、医、送四大功能分离。养老机构服务功能单一，老人的康复护理和精神文化需求难以满足。绝大部分养老机构只接收自理老人或以接收自理老人为主，不收住失能老人。对于入住机构的老人，大多希望养老机构的医务室能纳入医保，有专业人员看病。然而，我国养老机构尚未实现功能分类，护理型养老机构偏少，对老人需求量最大的护理服务，绝大部分养老机构都无法提供，或者护理服务能力很弱。

第四，机构养老缺乏居家认同和亲情滋养。老年人难以适应机构养老的一个重要原因就是缺乏家的感觉和自由。目前，养老机构所提供服务大多集中在满足老人基本物质生活需要上，很少关注老人的心理需要，更少给予必要的心理支持与帮助，机构护理缺乏亲情。

第五，专业护工和管理人才短缺。养老机构直接照顾老人的一线护理人员数量不足，临时和外聘人员比例大，周转率高，队伍不稳定。其次是性别结构不合理，从业人员多以女性为主，对男性老人照顾不足。三是专业教育背景和训练不足，缺少护理经验。这些直接影响对老人的照顾，也制约着养老机构的发展。其原因是养老机构护工职业地位不高，工资待遇低，工作劳累辛苦，难以形成职业化发展模式。

第六，养老机构非规范发展。随着农村大批青壮劳动力外出打工，农村空巢老人日渐增多，他们对机构养老有较高需求，居家养老院、居家养老服务站等民办养老机构在农村应运而生。但这些机构大多存在着很多不规范之处，一些机构房屋质量缺乏政府部门认定的安全鉴定书及消防许可证。一些机构规模小，设施简陋，甚至存在严重安全隐患。

二、未来农村养老方式发展策略

（一）优化农村老人自我养老保障路径

虽然自我保障并不是农村绝大部分老人积极主动的自我选择，但在我国农村面临严重的人口老龄化、高龄化、空巢化以及家庭保障功能弱化的背景下，我们需要正视农村老人自我保障的现实，不断提升农村老人的自我保障能力，切实维护农村老人的基本保障权益。

首先，要高度重视老年人的社会价值。提倡积极老龄化思维，重新定位老年人的价值，改变社会对老年人的污名化。长期以来，社会将老年人置于一种相对不利的地位，认为人老了就无用了，是需要家庭、社会照顾的人员，这无形之中给老年人群一种社会压力。实际上，农村老人不仅不是无用的，而且是一种被忽视的非常重要的宝贵资源。从农业生产角度看，老人农业构成了我国农业生产的主要层面。从日常生活角度看，大多数老年人仍然在以个人力所能及的方式为家庭创造财富。因此社会不能用"负担、包袱"的刻板印象消极对待老人，要充分重视挖掘老年群体的自我养老潜能和资源，让老人自身在解决其晚年生活问题的过程中扮演积极的社会角色。

其次，政府应积极创造条件促进老年自我保障发展。一般来说，老年自我保障能否实现主要取决于两个方面，即是否具有良好的经济基础、是否具有健康的身体。因此，当前农村老年人群自我保障功能的优化，一方面需要不断提升老年人的经济支持力，另一方面需要强化老年人群的身体健康意识，不断提升个人身体素质。在老年人经济支持力的提升上，要稳步推进城乡发展一体化建设，加大对农村的财政资金投入力度，促进农村社会经济快速发展，整体上改善农村社会相对落后的经济状况；完善农村土地流转政策，保护农村老人的宅基地、住房、承包地等各种土地财产权益，提升老人的财产性收入；重构农村社会和谐代际关系，减少对农村老人的代际剥削，保持农村老人的经济自主权；积极发展个人自愿性储蓄养老保险，鼓励老年人投保健康保险、长期护理保险，提升老人个人积累资金的保值增值能力；加大对农村低收入老年贫困群体的救助力度。与此同时，推动农村老人健康老龄化，强化身体健康意识；政府加大卫生保健的宣传力度，不断提升农村老年人群的保健意识，让老人在日常生活中有意识保持健康的生活方式，确保身心健康。另外，地方政府要从预防的角度，加大农村公共医疗保健投入，普及基本的医疗卫生常识，强化疾病预防干预工作，确保老人拥有健康的身体。

最后，重构农村社区共同体意识，推动老人精神自我保障。不断提升老人精神自养功能就需要重构农村老人的社区共同体意识，大力发展农村社区公共文化建设，重构农村社会中具有地方特色的传统文化，给予老人更多参与社区文化的机会，特别是要积极发展农村老年社会组织，不断提升老年人之间的社会互动交往能力，构建属于老年人自己的精神文化家园。

（二）继续重视发挥家庭养老在农村养老中的作用

家庭养老依然是我国农村养老的基石，尽管传统的农村家庭养老功能出现弱化趋势，但就目前的国情、国力及农村社会经济发展水平来看，家庭养老还将在较长时期内保持下去，继续担当农村养老保障的主要力量。首先，我国老龄化是典型的"未富先老"，这意味着政府还无法完全承担起数量庞大的广大农村老年人的养老保障职责，绝大多数农村老年人的经济或物质供养仍需由家庭承担。其次，我国农村社区的社会化助老事业刚刚起步，加之让农村老人接受社区养老模式尚需时日，农村老年人的生活照料仍主要依靠家庭成员。第三，老年人对于情感交流、精神慰藉方面的需求有时甚至高于经济支持，尤其是那些年迈体衰、户外活动能力大为降低的老年人更是离不开基于血缘关系的亲情，家庭在为老年人提供精神慰藉、情感维系方面的作用是无可替代的。实际上，中国有着尊老养老的传统美德，家庭养老在对老年人生活照料和精神慰藉方面具有社会化养老无法比拟的优势。强调家庭养老在保障中的地位和作用，有利于强化社会家庭观念，有利于动员全社会力量来解决农村养老问题。更为关键的是，农村老年人多，家庭养老可以使我国避免走上西方式福利国家的道路。

因此，在构建我国未来农村保障制度时一定要注意发挥家庭在养老中的积极功能，不能淡化家庭在养老中的责任，子女作为家庭养老第一责任人的作用必须得到切实发挥，保障老年人受赡养的权利。其一，必须明确农村老年人对土地的权利主体和利益主体的地位，使老年人拥有一定的生产和生活资料，以此作为换取子女生活照料和经济支持的手段；其二，通过签订赡养协议书等形式，强化家庭养老功能，加强监督制约；其三，通过诸如"家庭资助计划"等方式，鼓励家庭履行赡养老人的义务，政府要通过出台和完善相关法规政策和制度，如探亲制度，鼓励和支持个人和家庭成员去积极照顾老人。其四，积极提倡和宣传新的家庭养老观，从道义上鼓励人们的尊老敬老行为，如家庭养老既包括儿子养老也包括女儿养老，打破赡养责任的性别划分，使女儿和儿子共同承担养老责任；再如家庭养老既包括与子女同居养老也包括与子女分居养老，改变合居才养老、分居则不管养老的观念。

（三）大力发展农村居家养老

农村人口老龄化、家庭空巢化趋势对农村居家养老服务事业的发展既是挑战更是机遇，实现农村居家养老服务可持续发展可以从以下几方面着手。

首先要加强服务队伍建设，促进农村居家养老服务专业化。居家养老服务专业化是老龄时代的要求，养老服务队伍建设是发展农村居家养老服务事业所必备的软实力。在国家政策支持下，可以建立人才引进长效机制，吸引老年学、护理学等专业的高校毕业生加入到农村居家养老服务中来。还可以建立以农村女性劳动力群体为主体的兼职服务队伍，主要负责日常照料和居家养老服务中心的服务工作，所需技能少，经过简单培训后即可上岗。另外，要建设以农村低龄老年人为主体的志愿者服务队伍，吸引低龄老年人加入志愿者队伍发挥其余热，增强其社会认同感，利用其相互熟悉的优势，为高龄老年人带来较高质量、较高效率的服务。

其次是培育农村居家养老服务产业组织体系，打造养老产业化平台。养老产业化是一种以市场为导向优化养老资源配置、实行产业化经营的解决养老问题的办法，具有营利性特征和养老服务规模效应。宏观上，在保证农村居家养老服务社会福利性的同时，依据相关政策增加有偿、低偿服务项目以鼓励社会资本进入农村养老服务市场，弥补农村居家养老服务；微观上，建立农村居家养老服务中心、托老所、医疗护理中心等经营性实体，以"医养结合"模式扩展其服务功能和服务种类，不断壮大农村居家养老服务的发展规模，加快农村养老产业化进程。

最后，是构建农村居家养老服务支持系统，实现养老资源互补化格局。农村居家养老服务作为公共服务的一部分，其服务类型包含福利性、公益性和营利性三种，因此，需要政府、社区和家庭共同参与，构建"共担、互补、协调"的支持系统，形成养老资源互补化格局。政府层面，农村居家养老服务具有公益性，政府有必要对其适度干预，在制定相关法律法规的基础上，加强对农村居家养老服务工作的质量评估和监督。社区层面，社区作为连接家庭与养老服务的桥梁，是农村居家养老服务供给的平台，农村社区的家政服务中心、日间护理中心、医疗保健中心、应急救援中心和集文体、社交、日常生活于一体的综合服务中心要共同构成居家养老服务网络。家庭层面，农村居家养老服务虽然可以缓解家庭养老压力，但仍然离不开家庭这一重要主体。农村老年人对家庭的情感依赖性很强，家庭作为老年人精神慰藉的主要载体，是其他任何养老模式都无法比拟的。

（四）充分发挥机构养老补充作用

农村未来对机构养老需求是巨大的，一方面，人口城镇化的推进，家庭照料能力越来越弱，另一方面，农村高龄化、空巢化和病残化使得老年人家庭对机构照料需求大。因此，农村养老机构的发展，对公办敬老院，除继续发挥农村五保老人养老"兜底"作用外，也应将农村失独失能老人纳入进来，保障他们晚年生活。同时，对现有敬老院设施进行适老化改造，使其更加符合老人生理、心理和社会需要。在满足农村五保老人、失独失能老人集中供养需求前提下，可以将多余床位向社会开放，满足孤寡、空巢、失能老人的迫切需求。对民办养老机构，政府可采取优惠政策，鼓励社会资本参与，拓展养老服务内容，将社会资本举办的养老机构或服务设施纳入经济社会发展规划、城乡建设规划、土地利用规划，合理安排用地需求，依法划拨土地。鼓励社会资本建设适宜老人特别是失能、半失能、高龄老年人集中照料、护理、康复、娱乐的养老机构，对社会资本建设的非营利性养老机构或服务设施，根据其投资额、建设规模、床位数、入住率和覆盖老人数给予一定的建设补贴或运营补贴。

大力推进医养结合模式发展，有效解决"老有所养"和"老有所医"问题，需在政策层面和管理层面跟进。政策层面应规范管理，完善医养结合相关法规政策、标准及社会保障体系。土地供应方面，采取划拨或租赁方式为医养结合型养老机构供地，降低建设成本。投融资方面，发挥财政贴息、小额贷款等财政性资金的引导和撬动作用,解决资金投入不足问题。运营管理方面,调动市场积极性,采取提供场所、以奖代补、营运补贴等措施,提高运营效率。管理层面,多措并举,建立医养结合发展长效机制。首先,建立规范管理与自主运营机制,支持和鼓励有条件实行内设医疗机构的养老机构自主运营管理,或采用服务外包方式,鼓励养老机构委托大型医院对其内设医疗机构直接运营管理。有内设医疗机构的养老机构还可以聘请大型医院管理人员协助其进行内设医疗机构的运营管理。其次,创新医养结合人才培养及管理机制。鼓励和支持高等职业院校开设老年医疗护理专业,为老年医护行业培养专业优秀人才;鼓励具有执业医师证和护士资格证的医护人员到养老机构工作,将其纳入卫生部门统一管理,在资格认定、职称评定、技术准入和评优评先等方面与医疗机构同等对待;对养老机构工作的医护人员实行特殊补贴制度,吸纳优秀人才,充实人才队伍。

养老的机构支持、家庭支持和社会支持要"三结合"。老人入住养老机构,并不意味着儿女就可以卸下赡养父母的责任了。家庭养老的社会化是养老职能的转移,而非养老责任的放弃。家庭对于老人的精神赡养功能是养老机构所不能替代的。配偶、儿女、孙辈和亲戚朋友的探望和嘘寒问暖,对于入住养老机构的老人的身心健康有着关键的作用。社会志愿者对提高机构养老的养老质量也有实际的帮助。

(作者简介:丁志宏,中央财经大学副教授、社会发展学院副院长,研究领域为老年福利,联系方式:13522918287,dingzhihong2006@126.com)

参考文献

[1] 穆光宗、姚远. 探索中国特色的综合解决老龄问题的未来之路——全国家庭养老与社会化养老服务研讨会侧记,中国的养老之路 [M],北京:中国劳动出版社,2000。

[2] 刘从龙等,中国未来养老方式的选择 [J],人口研究,1996.6。

［3］徐勤、郭平.老龄化社会提倡老年人自立［J］，人口学刊，1999.3。

［4］徐勤、郭平.老龄化社会提倡老年人自立［J］，人口学刊，1999.3。

［5］曹琦.论老年自养在我国城市养老模式中的作用［J］，西北人口，2002.2。

［6］丁志宏.中国老年人经济生活来源变化:2005~2010，人口学刊，2013.1。

［7］姚远.对家庭养老概念的再认识，人口研究，2000.5。

［8］姚远.对中国家庭养老弱化的文化诊释，人口研究，1998.5。

第十二章 农村互助养老[①]

张岭泉

一、互助养老产生的背景

农村互助养老模式起源于河北省肥乡县的农村互助幸福院。随着中国城市化和工业化进程的快速发展，农村大量剩余劳动力到城市打工，农村空巢留守老人增多，尤其是那些独居老人更是面临着无人照顾的风险之中。2007年，河北省肥乡县前屯村的一位独居老人去世后数日才被村民发现，而且老人的一个儿子并没有外出打工，只是没有和母亲居住在一起。村党支部书记蔡清洋开始思考把村中独居老人，不管其子女是否在外打工，只要是年满60岁、身体能够自理、丧偶的独居老人都集中居住在一起，相互照顾，以避免上述类似事件再次发生。

河北省肥乡县地处河北省东南部，是邯郸东部平原农业县之一，辖7乡2镇，265个行政村，37.4万人。肥乡县是传统的农业县，也是新一轮省扶贫开发重点县。近几年，肥乡县紧紧围绕建设邯郸东部经济社会发展强县目标，全县经济社会发展取得了很大的进步，城乡面貌发生了巨大的变化。2012年，全县生产总值73亿元，全部财政收入完成4亿元，农民

[①] 本文主要数据来自2012年作者在河北省肥乡县的调查，调查中作者的研究生马欣和高坤同学从数据的采集到整理做了大量的基础性工作，在此表示感谢。

人均纯收入达到 8560 元。

全县 60 岁以上的老年人有 4.39 万人，占其总人口的 11.7%，其中无儿无女的"五保"老人、鳏寡独居的空巢老人、因子女常年外出打工等原因的留守老人共计 1.3 万人，占全部老年人口的 30%。

肥乡县农村互助幸福院以集体建院、集中居住、自我保障、互助服务为具体模式。针对对象是年满 60 周岁，生活自理，无精神病、传染病和其他影响安全生活因素的独身老人。2008 年 8 月，前屯村将闲置的小学校舍改建成免费供独居老人集中居住的第一家互助幸福院。这种模式一经推出，很快得到多村广泛响应和仿效，2010 年开始在肥乡县全面推行。截止到 2012 年 4 月底，全县已建成农村互助幸福院 240 家（包括联建 25 家），在全县 265 个行政村实现了全覆盖。

二、互助养老的具体做法

肥乡县在互助幸福院的建设中，以村级主办、互助服务、群众参与、政府支持为原则，统一规划，划定标准，将互助幸福院分为示范型、标准型、普通型、合作型四种类型来建设。到 2012 年底，共建成 60 家示范型互助幸福院，占农村互助幸福院的 25%，标准型约占 18%，普通型和合作型占全部类型的 57%。各村互助幸福院基本设施基本具备，如床、电视机和灶具等。根据 2012 年 8 月肥乡县政府的督查考核情况，互助幸福院的老人核实入住人数为 2062 人，占全县"五保"老人、空巢独居老人和留守老人总数的 15.9%。肥乡县互助幸福院的创建，以及有关创建的成果，是同主要围绕五个方面开展工作分不开的。

（一）村级主办，以老人所居住的农村社区为基本建设单位

这种做法的优势是显而易见的。其一，以村为单位建设，村级主办，挖掘农村社区资源，使老人"离家不离村、离亲不离情"；其二，村级主办，集中建院，能够整合农村的养老资源，挖掘潜在农村社区的"社会资

本"优势。这种社会资本是农村互助养老模式能够快速推进的重要依托。互助养老是以单个农户自助和农户间的互助为基础，类似农业生产互助组的一种互助型养老方式，是将单个家庭的家庭支持网扩大到整个农村社区，还可扩大到一乡一镇乃至一县内的农村家庭互助。如由村集体出资利用集体或农户闲置房屋进行整修改造提供和改善养老场所；村集体承担水、电、暖等日常开支等。这些方式是通过社区内单个家庭支持网的叠加，从而整合整个农村的养老资源，集中改善农村老人的养老环境，提高其生活质量。

（二）建设和运行中，政府积极制定各种政策和制度进行支持和指引

肥乡县农村互助幸福院的建设和成功推广离不开政府的各种支持。一是政府强化政策推动。建设初期，肥乡县政府出台了《关于加快推进农村互助幸福院建设的意见》，成立了高规格的指挥部，各乡、村成立工作领导组织，形成了层层抓落实的工作格局。同时将互助幸福院建设分配给各县直单位，进行帮扶。与此同时，制定《农村互助幸福院建设运行管理意见》等六项指导性文件，提升互助幸福院建设档次和管理水平，从而使得互助幸福院有序运行。二是加大财政投入力度，县财政按每入住一位老人每年350元标准进行补贴（每位老人每年集体费用为500-600元），减轻村集体的压力，保障其运行。

（三）根据当地实际，坚持分类建设，科学规划，因地制宜

肥乡县农村互助幸福院办院场所问题，各村通过建新房、改旧房、协议租房三种方式来解决。各村根据实际需求制定预算，政府拨款用于房屋建设、修缮，生活设施配备。根据当地经济实际，按照"积极推进、先期运行、逐步提高"的思路，重点推广四种类型。其一，对于经济条件好的村推广示范型。实行互助幸福院和老年服务站"站院合一"，在设施配备和服务功能上，考虑全村老年人的需求。制定的建设标准是：独门独院、有独立活动场地，总建筑面积不少于400平方米，宿舍15间以上，总床位30张以上；设有厨房、文体娱乐活动室、储藏室、浴室以及供暖设施，

配有一定数量的健身和文化娱乐器材，可配备菜园等场地；制度健全，管理规范。其二，对有一定经济基础的村推广标准型。具备住院老人需要的住、食、娱乐等功能和设施，能够满足住院老人需要。制定的建设标准：独门独院，有独立活动场地。总建筑面积不少于300平方米，宿舍13间以上，总床位25张以上；设有厨房、储藏室、浴室以及供暖设施，配有一定数量的健身器材；制度健全，管理规范。其三，对一般的村推广普通型。具备住院老人需要的住、食、娱乐等功能和设施。建设标准：独门独院，有一定的活动场所，房屋10间以上，床位15张以上；有独立厨房、取暖设施和管理制度。其四，对经济条件较差的村推广合作型。通过租借、志愿支持等形式为老人提供共同生活的场所，能够满足入院老人基本生活需求。建设标准：独门独院，房屋5间以上，床位5张以上，有独立厨房和取暖设施。这种分类建设既建立标准，保障了老年人基本生活需求和生活水平的改善，又充分考虑了各村的经济状况和实际情形，使得每个村都可以建设、便于推广和普及。

（四）经费筹措

肥乡县农村互助幸福院的建设经费主要是通过四种渠道进行筹集的。

1. 一事一议，整合农村资金，用于互助幸福院建设。

2. 新民居配建。在有新民居建设任务的村，在新民居中规划建设互助幸福院。

3. 财政奖补。根据建设类别和规模，分别对幸福院给予10万、5万和0.5万元的奖补。对建设互助幸福院资金暂时没有着落的村庄，县财政按比例暂时予以资助。

4. 社会捐赠和义务出工。据课题组了解，农村互助幸福院的日常运转经费主要来源是政府每年按每入住老人350元发放的运行补贴和村集体经济收入。除此之外，有些村可能还会得到一些企事业单位、社会的捐助。受宣传力度和交通的影响，这些捐助是不固定的。还有一些额外的资金来源是政府每年对互助幸福院进行审查考核，成绩好的有奖金补助，但不是每个互助幸福院都有。

（五）运行管理情况

村级组织是农村互助幸福院建设和管理的主体，是农村互助幸福养老院的直接责任人，各乡（镇）政府为主要责任人，县有关部门为行业管理责任人。互助幸福院实行院长负责制，院长负责全面工作。幸福院院长一般由村干部兼任（党支部或者村委会指定、委托一名享受补贴的成员代表村"两委"对农村互助幸福院实行管理），这种管理主要是整合运行所需要的资源来保证其正常运行，不定期地到互助院来查看一下老人的生活情况等。同时从住院老人中推选一名常务副院长，负责幸福院具体工作的管理，比如调解老人间的矛盾纠纷，组织大家参加文体活动等。除此之外，肥乡县农村互助幸福院建设工作指挥部组织农村互助幸福院建设和管理考评组，制定督导考评细则，对不同乡镇的互助幸福院的外部环境、硬件建设、生活设施、入住情况进行督导考评，给出平均分数，从而由高到低排队，最终作为乡镇工作成绩进行通报。

三、互助养老实施效果评价

（一）老人对于互助幸福院的满意度

调查发现，入住老人的生活满意度比较高。他们基本上身体都很好，所以认为这里跟在家的区别不大，而且大部分老人认为互助幸福院里的生活环境比家好，尤其是生活硬件方面比如取暖设施齐全，冬天住在幸福院比在家暖和很多等。除此之外，他们一到过节都回自己家，自由度较高，没有什么落差感，而且平时也可以回家去看看子女，跟他们聊聊天，子女偶尔也会带些吃的来改善生活，与子女间的关系并没有什么改变。他们大多都怀着一种感恩的心态生活，与他们谈话时很多老人都感谢了党和国家，觉得自己赶上了好时候，认为能得到这样的老年生活是福分。

（二）满足了老年人多种养老需求

肥乡农村互助幸福院实行集中养老、互助服务的形式为老人提供养老保障。在农村互助幸福院中出于成本的考虑，没有配备专业的服务人员和管理人员，只是为老人提供一个互助养老的场地和机制，老人的日常生活中主要通过生活在一起的老人进行相互照料和帮助。这种集中居住、互助服务的非正式照料形式，首先可以满足老年人紧急援助需要的功能。在日常生活中，虽然住在互助幸福院的老人大多生活自理能力很强，但由于年龄问题和生理状况的脆弱性，老人有可能突然发病或者发生摔倒等意外事故，对于紧急援助的需要逐渐增多。一旦出现不测，即便其他老人没有能力直接帮助，也可以协助寻求其他人的帮助。这种包括日常照料上的紧急援助对老年人非常重要。第二，美国社会学家罗伯特·韦斯将老年人的孤独分为情感性孤独和社会性孤独两类。情感性孤独是指缺乏家庭成员间的交流，社会性孤独是指缺乏朋友间的交流。沃恩·本特森的研究则指出，与好友、亲属和邻居进行的随意性活动会在老年人的生活满足感方面起到极大的作用。互助幸福院可以满足老年人情感交流的需要，具有克服老年人孤独感、提高生活满足感的重要功能。第三，满足安全心理需要的功能。非正式照料在为老年人构建安全心理方面具有独特的作用。这里所讲的安全心理，是指老年人的信任感、依靠感和减少生活中的紧张感。互助幸福院中的老人原本就住得很近，彼此熟悉，而且经常有互动，因此他们在一起彼此信任，没有紧张感，能够满足老人的安全心理的需要。

（三）对政府依赖严重，运作方式行政色彩浓厚

互助幸福院虽然是村民自治组织主办，但由于其从建立到运行无不完全依赖政府，并且其管理目标也是完成政府交办的任务，所以，无论从组织架构还是管理方式都存在着相当浓厚的行政色彩。这就容易导致其失去自主、自助的组织形式本身具有的机制灵活、反应迅速、运转高效、满足老人现实需求的优势。由此产生的一个结果就是服务僵化、资源配置效率

低下，偏向于完成工作指标，而疏于满足老年人真正的需要。

这一方面表现在，互助幸福院的建设和运行是在政府的推动和主导下，由村民自治组织负责具体实行，其运作基本上是按行政的层级制度来进行，"政社"基本还没分离，互助幸福院的建设标准和配套设施都被列入各级政府机关的考核范围。这样虽然有利于集中力量加快互助幸福院的普及和建设速度，但在一定程度上也彰显出政府在互助幸福院的建设和运行中仍是"强势"的一面，使得这些互助幸福院在建设和运行中更多的是为了满足政府的要求，而忽略了老人的实际需求。

另一方面，互助幸福院的运行基本依赖于政府拨款，自身造血功能不足，缺乏自筹资金的机制和途径，有"自治"的形式，却没有"自治"的实力。不论是互助幸福院的建立、日常运转经费，还是各种管理规定的落实都需要政府给予经费、行政等各方面的扶持和引导。这就使得互助幸福院的服务、设置、人员的管理等都只是一个必须张贴上墙的硬性规定，而没有真正触及互助、自助的内涵，这样就无法真正地使其在老人中发挥作用和规范互助幸福院的有效运行。长此以往，由于对政府全方位依赖，造成互助养老各方面呈现出行政色彩，从而导致政府的工作量加大和互助幸福院自主发展能力丧失。一旦政府有失监督和管理，这种互助幸福院的养老模式只能形同虚设，无法自行发展，成为一种老人共同居住、独立生活的"大杂院"。寻求政府的合理定位，挖掘农村社区潜质，成为今后农村互助养老模式长期健康运行的关键。

（四）注资主体缺失

任何一项工作的开展，都必须有一定的资金作为支撑。农村互助养老虽然比机构养老投入的资金要少得多，但其运行过程中由于要负担老人们基本的水电暖等费用，因此需要持续、长期和稳定的资金支持。但从调查的情况来看，农村互助养老的运行目前还存在资金严重不足的问题。资金不足的主要原因是大部分村集体经济状况并不好，乡镇企业匮乏，村集体负担资金的链条不健全，无法长期提供资金来保障其正常运行。据了解，

10个老人一个冬季需要的取暖费大约要1万元，而政府对于每个老人每年的补贴是350元，10个老人每年得到的补贴共3500元。6500元的冬季取暖资金缺口，需要村集体进行筹集。对于没有任何企业和其他收入的村集体来说，这笔费用无疑是个巨大负担。

短期来看，当前，肥乡县大部分村的互助幸福院基本上是第一年正式运行，在建设中，政府根据一事一议、财政奖补（根据建设类别和规模，分别对于幸福院给予10万、5万和0.5万元的奖补）、新民居配建、社会捐赠等方式筹集的资金，使得短期内互助幸福院的运行还有一定的经济补充，加上本年的政府运行补贴，经济发展状况并不好的村庄也可以基本保证互助幸福院的维持和运行。但是就长期而言，随着农村独居老人的数量不断增多，对互助养老设施的需求量也越来越大。以目前互助幸福院的资金筹措方式来看，除政府有限的运行补贴外，村集体和社会捐助是保证其运行的主要经费来源，但是由于村集体注资以及依靠社会力量支持的资金筹措方式并不具有绝对稳定性，可能会出现资金链"断缺"的情况。而目前国家层面还没有启动互助养老专项资金，省级政府财政支持也只能保证基础设施建设，未来随着互助幸福院规模的逐渐扩大，互助养老需求的不断增加，还需要更多筹措资金的渠道。注资主体的缺失不利于农村互助养老模式的发展，没有稳定的资金链支持，互助养老模式很难长久维持和发展。

（五）服务定位不准确

幸福院的服务定位方面目前存在三方面问题：服务覆盖范围有限；服务项目单一；互助的含义狭窄。服务覆盖范围有限体现在两方面，一是不能满足符合入住条件的所有老人。目前，肥乡县农村互助幸福院限定入住的对象是村中60岁以上、生活能够自理的丧偶老人。据调查，由于互助幸福院的资金、规模、床位以及相关配套设施有限，很多符合条件的老人无法入住，因而，无法满足村中全部符合条件的老人的需求。二是互助幸福院面向对象的范围有限。在农村，除丧偶老人之外，还有很多高龄老人、生活不能自理的老人，他们在农村的老年群体中也占有相当大的一部分，他们对照顾的需求比这些生活能自理的老人更为迫切，其养老问题也需要及时解决。对于农村这部分老人来说，机构养老是除家庭养老之外可以选择的唯一一种养老方式，但由于传统观念和经济条件的制约，加上农村机构养老资源分布不均，使得他们中除了五保老人之外，很少有人能进入养老机构中进行养老。而随着农村社会经济的变化，家庭功能弱化导致的照顾资源的减少也在影响着这一老年群体的生活。因此，互助幸福院没有考虑这一部分老人，也使得互助养老模式不能充分发挥其应有的作用。

在发展项目方面，养老服务项目、内容及服务形式都比较单一，导致互助养老中很多养老服务的配套设施未能发挥其功能。调查发现，有些地方只注重基础建设以及政府资金的投放，忽视了多元化模式的建设以及适用性。在互助幸福院的建设中，不管什么规格的互助幸福院，一般都按照政府规划中的考核内容进行建设，其中也都相应地配有相关设施，比如桌椅，厨具，橱柜，电磁炉等。但调查发现，大部分互助幸福院中老人的主要活动区域只是在自己所居住的房间，活动室、储藏室等形同虚设，搁置已久，没有利用。厨房中的灶具以及做饭的食材也相当少，看不出多人使用的迹象。再比如，有的互助幸福院设有菜园，但是菜园中什么都没有种植，有的甚至土地都没有平整。除此之外。互助幸福院的建设只注重农村老人的物质层面的需求，并没有对老人的精神层面的需求做更多的考虑，这些都不利于农村互助养老模式的可持续发展。

互助的含义很宽泛，一方面体现在服务内容间的互助，比如包括日常陪伴，日常照料的互助；另一方面体现在不同年龄阶段、不同身体状况、不同群体间的互助，这是一个全民参与的过程；此外，互助的含义中还应包含自助的意思，在互助中提升老人自己的存在感和能力，从而提升互助的能力。因此，在互助幸福院服务内容的构建过程中，这些都应该得到有效的体现。而根据课题组的调查，在肥乡县的互助幸福院里，互助的内涵是比较狭窄的。比如，"互助"很重要的一方面是要转移家庭的照料困境，实现老人间的互助，但是现行的互助幸福院明确规定，一旦老人生病，不能自己照顾自己的生活时，子女就需要把老人接回家去照料，等待老人自理能力恢复后，可以再回到互助院。这样的规定使得"互助"丧失了应有的作用，丧失了幸福院最基本的功能。因为互助不仅仅是老人住在一起相互有个陪伴，解决精神需求的问题，生活上的相互服务照料才是当前老年人最需要的。挖掘互助内涵，完善互助内容是进一步建设和推广互助养老模式的题中之意。

四、互助养老未来的发展方向及其在全国的意义

实践证明，农村互助养老模式虽然还存在各种各样的问题，但在当前国情和农村社会经济发展现状下，这是由家庭养老向社会养老过渡的一种有效模式，具有一定的推广意义。需要注意的是，每个农村都有自身独特的环境特点，包括社会环境、地域环境等，因此在推广农村互助养老模式时，不可能照抄照搬哪一种成功模式，而需要根据自己的现实情况进行摸索。无论采用何种具体的互助养老模式，肥乡县的农村互助养老实践对于构建和完善互助养老模式还是有一些启发的。

（一）体现政府责任

政府在农村互助养老模式构建中具有不可推卸的责任。从理论上看，农村的社会养老应是一项政府行为，国家有义务扶持这种带有社会化性质的养老模式。从现实来讲，政府应该改变长期以来养老重城轻乡，重工轻农的做法，强化国家对农民养老保障的责任。政府指导、扶持农村互助养老的责任主要应该体现在法律保护、政策引导以及财政倾斜等方面。类似于农村互助养老这种农村的基本保障在建立的过程中，由于受农村社区文化的感染，较为感性和具有人情味，它的创建依据通常是农村的人文特点和人际关系资源，缺乏理论指导，而且没有现成经验可以参考，这样就容易导致制度建立时对于一些前瞻性问题预计不足，因此政府应当提前规划建立符合农村实际的基本社保制度的方案或实施办法，完善立法，使农村

基本的社会保障制度建设可以有路可循，有法可依。农村互助养老是农村凭借自身的发展和资源积累，由农村自发兴办的自我化解养老风险的一种保障机制，它分担国家养老的负担，解决了现阶段农村老人的养老困境，利国利民，因此政府应予以扶持。具体而言就是扩大一些面向农民的保障项目，在财政方面对已建立互助养老的农村予以适当的优待。

（二）多方参与

农村互助养老是以一定地域为基础的社会共同体的养老模式，这一模式要想充分发挥效能就必须实现一定的社会化。即以村基层自治组织为主导，发挥政府、家庭和个人多方面的力量，充分动员基层农村中的财力、物力和人力等各种资源，实现资源的整合与放大。多方参与的主要内容应该包括：

1. 拓宽筹集资金渠道。鉴于我国目前的社会经济发展水平，政府无法包办农村社区所有的老年设施和服务，因此应当采取多方共同承担的办法。一方面应由政府投入部分资金，主要用于示范性老年服务的建设。另一方面应挖掘社会民间组织、慈善组织进行社会捐助的潜能，制定长效机制和稳定注资链条。除此之外，发挥村集体和家庭的经济发展能力，提高自身造血功能，形成多元化的、稳定的农村互助养老筹资机制。

2. 管理方式上民主化。改变政府对互助养老具体运行的整个过程的全面包办，酌情减少互助养老中的行政色彩，政府给予优惠政策，同时通过政策法规进行监督和指导，实现互助养老的自主健康发展，摆脱对于政府的依赖性。

3. 服务对象范围扩大化。农村的互助养老设施不应只单纯面向少数老年人群体对象，而应该面向村中所有有需要的老年人，实现资源的共享。

4. 互助范围开放化。主要内容就是要将互助养老中的老人与志愿者活动有机结合起来，广泛发动健康老人为村中的其他需要照顾的老人提供义务或者低偿服务。同时也应该引导农村的年轻人和少年儿童加入到志愿者队伍中来，倡导农村敬老、爱老的文化氛围。

（三）充分挖掘自助能力

有学者指出："中国是世界上人口最多，也是家庭数量最多的国家，如果中国的家庭不能履行其基本职责和提供必要的保障资源，那么政府、民间机构、农村社区养老模式研究及各类社会保障体系无论付出多么高昂的代价都无法弥补家庭渎职留下的后患。"农村互助养老是对家庭养老模式的继承和改进，没有家庭和老人自身的支撑是无法运行的。在农村由家庭以及亲戚朋友这种社会支持体系等形式编织的自保障体系仍是广大农村社会的主流，它以村民互帮互助，互惠互济为前提；以家庭和村民自治组织为基础；以家庭、邻里、朋友亲属等村社内部社会网络为依托；以向生活困难的老人提供照顾资源和服务为核心；以规避和化解农村中老年人生产生活风险为目标。自我保障体系的存在在农村发挥着相当重要和不可或缺的作用，因此互助养老的构建不能摒弃这些传统保障资源，而应该对它们进行合理的安排和布局，从而发挥更大的作用。

（四）体现效用、物资与服务相结合

任何形式的互助养老模式都必须体现实用性，不能搞形式主义。要尽量以最小的开支来获得最大范围和最佳效果的保障。违背效用原则的典型例子就是不充分利用村集体现有房舍，建设基本的、具有实用性的养老设施。互助养老的内容中最重要的是物资和服务两个方面。物资系统和服务系统只有共同发挥作用时，才能体现出最大化的整体效应。尤其是在中等和贫困地区，妥善、到位的服务保障在一定程度上可以对物质短缺的缺陷作出补充。而在富裕地区，服务保障的作用同样不能被忽视，在此基础上应该向提升满足需求层次上努力。总之，农村互助养老服务项目和设施一定要注重实用性和适用性，实现物质和服务的双重作用。

（五）与经济社会发展状况相协调

互助养老的推广与经济同步原则是指互助养老的保障内容、覆盖范围

和规模应该与当地的经济社会发展协调一致,根据当地实际,不能超前也不能滞后。由于我国区域发展不平衡,各地区经济条件差异较大,因此在推广中不应该而且不可能制定一套全国通用的互助养老推广模式。基于此,正确的做法应该是根据各地的社会、经济发展现状,当地村集体的经济承受能力以及风险意识等,分别在经济比较发达地区、经济条件一般地区和经济欠发达地区建立不同程度和规模的互助养老形式,从而缓解农村老人的养老压力。在这一原则的指导下,政府以及各基层组织应该"因地制宜,分类指导",根据当地的实际情况来设计具体的建设和运行方案。

(作者简介:张岭泉,男,河北大学社会学系教授/系主任,研究领域为老龄问题、老年社会工作,联系电话:18730222898,电邮地址:zhanglingquanzlq@126.com.)

参考文献

[1] 转引自姚远.《非正式支持,应对北京老龄问题的重要方式》,《北京社会科学》,2003年版。

[2] 姚远.《重视非正式支持,提高老年人生活质量》,《人口与经济》,2002。

[3] 杨燕绥、赵建国、韩军平.《建立农村养老保障的战略意义》,《战略与管理》,2004。

[4] 吴业苗.《农村空巢家庭与社会支持系统的构建》,《二十一世纪》,2004。

[5] 瞿长福.《新农村建设中发挥乡镇企业作用》,《经济日报》,2006。

第十三章 老年妇女的养老问题

贾云竹

我国正处于人口老龄化加速发展的历史时期，与世界许多国家一样，我国急速增长的老年人口呈现出显著的女性化特点，即老年妇女的规模显著超过男性，且越到高龄女性所占比例越高、老年人口的女性化程度越显著。与此同时，受到长期以来"重男轻女"的不平等社会性别文化观念及"男主外、女主内"传统社会性别分工等的影响，妇女在步入晚年后自身所积累的各种社会资本和养老资源，如受教育水平、健康水平、经济保障程度、婚姻家庭的完整性等均与同龄的男性存在显著差异，且女性往往处于相对不利的境地。与此同时，受到我国城乡二元结构、地区社会经济发展水平不平衡等因素的影响，老年妇女内部也存在很大差异性，农村老年妇女、高龄老年妇女、丧偶老年妇女及失能老年妇女群体面临的问题更为突出。

以联合国为代表的国际组织早在1990年代就明确提出了呼吁，要求各国在制定人口老龄化的应对战略时关注到男性和女性老年人在诸多养老问题上存在的显著差异，在相应的政策和行动中充分纳入社会性别的视角，尤其要对处于相对弱势的老年妇女的特殊需求给予充分关照和倾斜，以保障她们能够公平分享社会发展的相关成果。

本章主要利用第六次全国人口普查（以下简称"六普"）及全国妇联第三期中国妇女社会地位调查的相关数据，揭示当下我国老年妇女的基本状况及养老面临的主要问题,为相关政策制定、完善及研究提供参考。

一、老年妇女的基本状况

(一)当前老年妇女群体的生命历程特征

当前中国老年妇女群体的主体,是生在旧社会、长在新中国的一批人。新中国社会经济发展的波澜起伏也造就了她们不平凡的人生经历:她们中很多人在国家社会经济发展的起步时期度过了自己的青少年时光,且大部分人居住在农村地区,这使得她们在青少年时期能够接受正规教育的比例相对较低;这批老年妇女在"文化大革命"的社会动荡中度过了人生最黄金的青壮年时光,绝大多数人都未能接受到高中及以上的教育,职业发展也因此受到很大的影响;她们在改革开放后的社会经济大发展时期,同时也是最剧烈的社会分化和变革期中度过了自己的中年,不少相对年轻的老年妇女成为国企改革的大潮中第一批下岗、失业的女工;在国家步入全面建设小康社会的历史时期,她们也相继进入到自己人生的晚年。

当前的老年妇女在青壮年时期经历了新中国大力宣扬的男女平等思想的洗礼,受到了鼓励妇女走出家庭参与社会劳动等社会运动的影响,是具有较强的独立、自主等更为平等性别意识的新一代老年妇女;这一批老年妇女的生育行为受国家在 20 世纪 70 年代末、80 年代初开始普遍推行的计划生育政策的影响不大,她们大多数人都育有一个及以上子女。值得关注的是,这些老年妇女是在中国最严格的城乡二元制度环境下走过来的,这使得这一群体内部的城乡差异极为显著;同时受到社会经济发展急速转型和快速发展的影响,不同年龄的老年妇女群体之间也存在较为显著的代际差异。总而言之,老年妇女既是一个存在较强时代共性,同时又是一个存在较大内部差异性的群体。

（二）老年妇女人口的规模及基本结构

"六普"数据显示，2010年中国大陆60岁及以上人口达到1.8亿，其中，老年妇女9105万，在2000年的基础上增长了2445万，略高于同龄男性2321万的增幅；老年妇女占老年人口的比重也略有增长，达到51.3%。相关研究显示，在未来几十年间，随着我国人口预期寿命的进一步提高和老年人口高龄化程度的提高，我国老年人口的女性化程度还将会进一步提高。[①]

2010年，在我国老年妇女中，70岁以下的低龄老人占54.4%，70—79岁中龄老人占32.2%，80岁及以上高龄老人占13.4%。与世界其他国家一样，我国老年妇女的高龄化程度也显著高于男性，且社会经济条件相对较差的乡村地区高龄化程度更突出：农村老年妇女的高龄化程度为14.1%，分别比城市和镇高出2.0和1.2个百分点，也显著高于农村老年男性的相应比例（9.8%）。

相对人口老龄化程度较高的西方发达国家而言，当前我国老年妇女中80岁以下中低年龄组所占的比例较大（86.6%），这意味着我国目前的老年妇女是一个相对年轻、健康的群体，国家应该重视对这一群体人力资源的再开发利用，以充分发挥其在应对人口老龄化战略中的重要作用。

我国正处于快速的城市化发展阶段，2010年我国的城市化率达到49.7%，比2000年提高了13.5个百分点。[②]2010年我国老年人口的城市化水平为42.9%，比2000年提高了8.7个百分点，无论是绝对水平还是相对增长程度均显著低于总人口的平均水平。2010年，我国老年妇女的城市化水平为43.3%，略高于男性老年人口0.9个百分点；与2000年相比增长了9.1个百分点，略高于男性8.3个百分点的增幅。

[①] 贾云竹、谭琳.《中国人口老龄化的女性化趋势研究》，《人口与经济》，2012（3）。
[②] 国家统计局编.《中国统计年鉴2011》，北京：中国统计出版社，2012年版。

二、老年妇女的主要社会经济特征

（一）婚姻状况

大量的研究显示，婚姻状况的差异会显著影响老年人的生活方式、居住安排、经济水平、健康情况、照料资源、社交活动等诸多方面。对于长期以来以家庭为中心的妇女而言，步入晚年后婚姻状况是否完整，对老年妇女的生活质量尤其具有重要的意义。

1.有偶率提高，丧偶率下降，性别差异缩小，城乡差异显著

由于"男大女小"婚配模式及女性预期寿命长于男性等原因，我国老年人口的婚姻状况存在显著的性别差异。随着我国老年人口死亡率的大幅度下降，男女老年人口的有偶率在过去的20多年间都有很大幅度的提高：2010年我国男女老年人的有偶率分别为79.5%和62.1%，女性比男性低17.4个百分点；男女分别比1982年提高了10.5和20.8个百分点。

我国老年人口的丧偶率大幅降低，老年妇女的丧偶率远高于同龄男性：2010年我国男女老年人的丧偶率分别为16.3%为37.0%，分别比1982年下降了10.6和21.1个百分点。长期以来我国老年妇女的未婚和离婚比例基本上维持在0.4%和0.6%以内，特别是未婚比例长期以来基本稳定在0.2—0.3%的低水平，显著低于老年男性（1982年为2.6%，2010年则升至3.3%）。

老年妇女的婚姻状况存在较为显著的城乡差异：2010年城市老年妇女有偶率为65.4%，明显高于镇及农村的老年妇女；城市老年妇女的离婚率也高于镇及农村；相应地，农村老年妇女的丧偶率为38.6%，显著高于城市（33.2%）而略高于镇（37.1%）；无论城乡，老年妇女的未婚比例都很低，均在0.4%的水平。

2. 丧偶老年妇女群体值得关注

虽然 1982—2010 年我国男女老年人口的丧偶率不断下降,但受到我国人口老龄化快速发展,特别是老年人口规模急剧增长的影响,我国丧偶老年人口的总体规模呈现出增长的态势,其中丧偶老年妇女总体规模的增速显著高于丧偶老年男性群体。"六普"数据显示,丧偶老年妇女总规模已达到 3345 万。丧偶老年妇女占整个丧偶老年人口的 70.5%,换句话说,在每 10 个丧偶老年人中有 7 个是女性。

对于绝大多数老年人来说,丧偶是其晚年生活经历中最有压力的事件。一般而言,配偶在缓解老年人的心理压力、排遣孤独等方面起着积极而重要的作用,丧偶则会对老年人的身心健康带来不利的影响。丧偶老人独立居住的可能性降低,生活照料上更依赖于子女;特别是对于长期以来在社会经济状况方面处于相对弱势的老年妇女,丧偶往往还会因缺少了配偶的收入来源支持而更容易在经济上陷入困境。[①]国家的相关政策应该关注到这一群体的特殊需求,给予她们必要的支持和帮助。

(二)受教育状况

受教育程度作为影响个人社会地位提升的重要影响因素,对老年妇女的养老状况,特别是社会事务参与能力、在社区和家庭内自身权益的主张和维护权益的能力等都具有重要的影响。老年妇女偏低的教育水平是长期以来这个群体处于较低社会地位的结果,反过来又成为制约她们难以摆脱这种弱势地位的原因之一。

1. 平均受教育年限显著提高,性别差异缩小

2010 年我国老年妇女的平均受教育年限为 4.7 年,比老年男性少 1.7 年;近 20 多年来中国男女老年群体的平均受教育年限都有了一定增长,其中老年男性整体平均增长了 3.7 年,老年妇女则增长了 4.5 年,老年妇女的

---

① 杨菊华.《人口转变与老年贫困》,北京:中国人民大学出版社,2011 年版。

增幅明显高于老年男性。

不同地域老年妇女的平均受教育年限存在显著差距：2010年乡村老年妇女的平均受教育年限仅为3.8年，分别比城市和镇的老年妇女低2.5年和1.0年。城市地区的性别差异相对较小，为1.2年；而镇和乡村的性别差距相对较大，达到了2.0年。

2. 受教育程度大幅度提高，城乡和性别差异显著

2010年，我国有37.6%的老年妇女从未上过学，45.1%的人接受了小学教育，11.6%的人接受了初中阶段的教育，仅有3.8%和1.8%接受过高中和大专以上的教育，其教育层次明显低于同龄的老年男性。

10年间，我国老年妇女的从未上过学的比例下降了28.1个百分点。相应地，老年妇女中接受过小学及以上各类教育的比例也有不同程度的提高，男女老年人口受教育程度的差异也有所缩小。

老年妇女的受教育程度受青少年时期所生活地区的教育普及状况以及当时国家和家庭对女性教育权利的维护力度等多方面因素的影响。长期以来我国城乡在教育发展及普及程度上的显著差异，加之农村地区性别歧视的传统观念和习俗相对更浓厚，使得我国农村地区老年妇女的受教育程度明显低于城镇。而在相同地域内，则无一例外是男高女低的格局。

（三）健康状况

老年妇女作为处于妇女生命周期最后阶段的特殊群体，其健康问题直接关系到她们的生命权利和生存质量；其健康状况既是衡量公共卫生政策的重要尺度，也是反映社会发展的一面镜子。老年妇女作为性别、年龄双重弱势群体，其健康问题更加突出，与同龄的老年男性相比，老年妇女在自评健康、生活自理能力以及慢性病的罹患率等方面情况均更差，这是国内外大量老年健康的实证调查研究所一致证实的现象。[①]

[①] 曾毅等.《老年人口家庭、健康与照料需求成本研究》，北京：科学出版社，2010年版。

1. 8成以上基本健康，城乡、性别差异显著

总体而言，我国绝大多数老年妇女的身体基本健康：2010年的数据显示，身体状况健康或基本健康的比例高达81.2%，是我国老年妇女的主体。而在不健康的群体中，15.4%的人处于基本生活能够自理的相对完好状态，完全不能自理的比例仅为3.4%。

相对而言，女性老年人的健康状况要差于男性老人，老年妇女处于健康状况的比例低于男性8.6个百分点，而处于"不健康，但生活能自理"及"生活不能自理"的比例则相应比男性分别高出3.0和0.9个百分点。

从分城乡的数据来看，2010年农村老年妇女处于"不健康，但生活能自理"及"生活不能自理"这两类亚健康状态的比例分别为18.7%和3.9%，均显著高于城市和镇的老年妇女。老年人口健康状况的性别差异在城乡之间均普遍存在，且在社会经济条件相对落后的乡村，性别差异更显著。

已有的研究显示，老年妇女罹患多种慢性疾病的情况要明显高于老年男性，这意味着她们要比老年男性承受更多疾病的困扰，对医疗服务的需求要更强，而生活质量也相对更差。第三期中国妇女社会地位调查老年专卷的数据也印证了上述情况：65岁及以上老年妇女平均罹患2.7种常见慢性疾病，高于老年男性的2.5种；同样城乡差异非常显著，农村老年男女平均罹患慢性病的数量分别为2.7和3.0种，城市相应的比例为2.1和2.6种。

有关社会性别与健康关系的研究认为，在生命历程中逐渐累积的健康资源、权利、健康维护能力等诸多方面的男女不平等，是导致老年妇女健康状况低下的重要原因；而老年妇女社会地位的低下又反过来影响了她们获取和利用健康、医疗服务资源的机会和能力，进一步强化了老年女性与男性在健康方面的不平等现象。

2. 失能老年妇女值得关注

我国生活不能自理的失能老年人口存在显著的女性化特点，且越到高龄女性化程度越高。根据"六普"长表数据估算，2010年我国60岁及以

上生活不能自理的老年人总体规模约为520万,其中女性304万左右,占58.4%;失能老年妇女占老年妇女的3.4%,比老年男性的相应比例高0.9个百分点;80岁及以上高龄失能老人216万左右,其中女性142万,占65.7%,占同龄女性的11.7%(男性相应比例为8.7%)。65.3%的失能老年妇女生活在医疗保障和公共卫生服务相对薄弱的乡村地区,在农村青壮年劳动力大量外流的情况下,以女性为主体(占59.2%)农村失能老年人面临着巨大的照料资源缺口。综上所述,我国失能老年妇女群体具有高龄化、农村化等特点,是老年妇女群体中一个特别弱势的、需要特别关注的群体。

(四)劳动参与状况

老年人的劳动参与状况受到老年人自身经济压力、劳动力市场的准入与退出机制以及老年人自身的劳动参与意愿和能力等因素的影响。[①]对男女老年人劳动参与状况性别差异的深入分析,是了解男女老年人社会经济地位和基本生活状况的重要内容,也是就业、退休等相关社会政策制定和完善的必要前提。

1. 女升男降,性别差异缩小

1990—2010年的20年间,我国男女老年人口的在业率呈现出"女升男降"的特点:2010年我国老年妇女的在业率为23.0%,比1990年提高了8.7个百分点;而老年男性的在业率则下降了65个百分点。男女老年人口在业率的性别差距从1990年的30个百分点下降为2010年的14.8个百分点。这可能是由于农村地区青壮年劳动力大量外流,致使大量低龄的农村老年妇女不得不延长其从事农业生产劳动的时间,以填补青壮年劳动力外流形成的缺口。

2. 乡高城低,城乡差异扩大

我国老年妇女的劳动参与状况存在呈现明显"乡高城低"的特点:

---

① 张文娟.《中国老年人的劳动参与状况及影响因素研究》,《人口与经济》,2010(1)。

2010年我国农村老年妇女的在业率为33.8%,显著高于镇(16.5%)和城市(3.9%)的相应比例。从1990—2010年分城乡、分性别老年人口在业率的数据可以看到,在过去的20年间,无论男女,我国城市老年人口的在业率均呈下降的趋势;镇的男女老年人口的在业率却保持上升的态势;农村老年妇女的在业率也一直在增加,而老年男性则在上升中有些波动。

过去20年间我国不同地域老年妇女在业率的差异性变化,与不同地区的社会养老保障制度完善情况、劳动参与机会等都有关系。相对而言,城市地区老年妇女享受社会养老保障的程度相对较高,而就业机会在很大程度上受城镇职工退休政策的硬性约束较大,受到年龄和性别的双重歧视,城市老年妇女在劳动力市场的竞争中处于非常不利的境地;而在乡镇特别是乡村地区,老年妇女缺乏稳定的养老保障,继续参与农业生产活动可以增加其收入、是维持生活的重要手段;加之受农村地区青壮年劳动力大量外流的影响,致使大量的农村老年妇女较长时间留在农业生产的第一线,以致这一群体的在业率显著高于城市老年妇女。

(五)主要生活来源

对老年人口主要生活来源性别差异的深入分析,是认识男女老年人基本养老状况性别差异的重要基础,对制定具有社会性别视角的社会养老保障制度及有关政策具有重要的意义。随着我国社会养老保障制度的逐步完善,我国老年妇女的主要生活来源在结构上已经发生了较大改变,性别和城乡之间的差异也呈现出不同程度的缩小。

1. 独立性增强,与老年男性差异缩小

从"六普"数据看,我国老年妇女主要生活来源超过一半仍然是"家庭其他成员供养"(52.6%),其次是"劳动收入"(21.9%)和"离退休金养老金"(19.6%)。与2000年相比,虽然排序没有变动,但结构上有了较大的改善,独立性有所提高:2010年主要生活来源是"离退休金养老金"的老年妇女比例达到19.6%,比10年前增长了6.7个百分点,而"家庭其他成员供养"和"劳动收入"的比例则分别下降了 7.2 和 1.8 个百分点。随着城乡最低生活保障制度在全国各地的普及,以"最低生活保障金"为主要生活来源的老年妇女比例在这 10 年间也提高了 2.1 个百分点,达到 3.7%。

相比老年男性"离退休金养老金"、"家庭其他成员供养"和"劳动收入"三分天下的状况,老年妇女还是更多依赖其家庭其他成员的供养,经济独立性较弱,但男女老年人主要生活来源结构的性别差异在逐步缩小。

2. 城市以养老金为主,镇和乡村以家庭成员供养为主,城乡差异明显

老年妇女的主要生活来源存在显著的城乡差异:排在城市老年妇女的主要生活来源第一位的是"离退休金养老金"(59.0%),其次为"家庭其他成员供养"(31.9%),依靠"劳动收入"(3.7%)的比例很小;而镇和农村第一位的都是"家庭其他成员供养",分别为 59.4% 和 59.9%;但镇第二位是"离退休金养老金"(17.8%),也有 15.7% 的人是依靠自己的劳动收入;而在农村地区,第二位的是自己的"劳动收入"(32.1%),只有 2.1% 的人是依靠"离退休金养老金",该比例甚至低于依靠"最低生活保障金"(3.9%)的比例。

整体而言,城市地区老年妇女主要生活来源的稳定性和独立性显著高于镇和乡村的老年妇女,受到农村青壮年劳动力大量外流的影响,我国农村老年妇女的劳动参与率处于相对较高的水平,农村老年妇女依靠自己"劳动收入"的比例远远高于镇和城市老年妇女。

三、需要特别关注的 4 个老年妇女群体

(一)农村老年妇女

"六普"数据显示,当前我国 56.7% 的老年妇女居住在社会经济条件相对落后的农村地区,规模达 5130 万左右。相对同地域的男性老人和城镇老年妇女而言,农村老年妇女的生存发展状况更为不利,是亟待国家公

共政策扶助的一个弱势群体。这突出体现在她们自身的文化素质低、健康状况差、经济依赖性高、社会认可程度低等诸多方面。

1. 自身养老资源不足、家庭和社会养老支持欠缺

农村老年妇女低下的受教育程度在很大程度上影响了她们在农村社区公共管理事务中的参与程度,她们在农村社区中往往缺乏话语权,其相关权益也难以被社会公众和相关管理者所认识和了解,难以获得有效的保障和维护。相对于其他老年妇女而言,农村老年妇女的经济独立性最差,她们对家庭其他成员的经济依赖也显著高于农村老年男性(35.1%)。第三期中国妇女社会地位调查数据显示,2010年我国农村老年妇女的年均收入仅为2358元,仅为同地域老年男性的51.8%,更是显著低于城市老年妇女的10689元。

农村老年妇女的健康状况明显不如城镇老年妇女,也差于同地域的老年男性群体。第三期中国妇女社会地位调查数据显示,农村老年妇女罹患一种及以上慢性疾病的比例达到83.3%,比农村老年男性高5.3个百分点。

较差的健康状况往往意味着她们需要更多的生活照料和帮助,但是农村老年妇女的丧偶率相对较高,为38.6%,与此同时,受到农村青壮年劳动力大量外流的影响,她们也很难获得来自子女的照料支持和生活帮助。农村地区的基础医疗服务体系还非常欠缺,特别是针对老年妇女常见慢性病的干预、基本治疗和康复等都还几乎是空白。而受限于自己微薄的收入、低下的医疗保障水平,农村老年妇女很难获得适当的基本医疗服务。第三期中国妇女社会地位调查数据显示,农村老年妇女对慢性疾病不采取治疗、防治和康复措施的比例要显著高于城市老年妇女。

2. 劳动参与高,但社会认可程度低

与城市地区有明确的退休年龄限制不同,我国农村老年人口往往都会在自己身体状况允许的情况下,尽可能地参与到农业生产劳动中,因此无论男女,农村老年人口的在业率都显著高于城市和镇。"六普"数

据显示，65 岁前我国农村老年妇女的在业率都在 50% 以上，并随着年龄的增长缓慢下降。

在"男主外女主内"的传统社会性别分工下，女性在家庭事务和家人照料的承担上要远远高于男性，女性实际的劳动时间和负担甚至超过男性：2008 年国家统计局开展的中国居民时间利用调查的数据显示，60—74 岁的老年妇女每天平均从事无酬的家庭照料劳动的时间约为 276 分钟，是同龄男性的 2 倍左右；[1]李琴等发现，我国农村老年妇女承担着较多的家庭副业劳动，全年农业劳动时间甚至超过老年男性，且西部老年妇女的劳动负担最重。[2]但老年妇女所承担的许多无报酬的劳动，在以劳动付出能否获得现金报酬为最重要衡量标准的情况下，她们付出的大部分劳动并未获得社会和家庭的认可。同时，农村老年妇女容易被视为是对家庭经济缺乏贡献、需要依赖其他家庭成员供养的"被赡养人口"，这对农村老年妇女而言很不公平。

（二）丧偶老年妇女：照料资源、经济支持欠缺，更容易陷入不利境况

丧偶老年妇女中身体不健康的比例占到了 28.0%，其中 5.7% 的人处于生活不能自理的状态，这两项指标均远远高于有偶的老年妇女，同时也高于丧偶老年男性的相应水平。此外，丧偶老年妇女在经济上的独立性要显著低于一般老年妇女：2010 年丧偶老年妇女中 66.1% 的人的主要生活来源为"家庭其他成员供养"，显著高于老年妇女的平均水平（52.6%）。

在预期寿命延长、丧偶老人寡居时间显著增加的情况下，受家庭结构核心化、子女流动、养老观念转变以及丧偶老人自身社会经济状况、健康、居住条件等的改善诸多因素的影响，与子女长期共同居住的传统逐渐式

---

[1] 国家统计局社会和科技统计司编.《2008 年时间利用调查资料汇编》，北京：中国统计出版社，2009 年版。

[2] 李琴、郑晶.《中国农村老年人农业劳动时间的地区差异和性别差异分析》，华中农业大学学报（社会科学版），2010（6）。

微：1990—2000年间丧偶老人与子女分居的比例从17.1%增至20.4%，[①]而2000—2006年间则从21.9%增至29.2%。[②]第三期中国妇女社会地位调查数据显示，65岁及以上丧偶老人中38.8%的人没与子女共同居住。在居家养老仍然是我国老年人最主要养老方式的情况下，对于缺少配偶支持的丧偶老人，她们亟待其所居住社区建立针对丧偶老人的照护体系，以帮助她们安度丧偶之后的晚年时光。

（三）高龄老年妇女：长期照料需求突出、经济安全有待加强

2010年，我国80岁及以上高龄老年妇女的总体规模达到1209万左右，明显高于高龄老年男性的规模（853万左右）。受社会经济发展水平和社会与家庭资源分配中的性别差异等多种因素影响，目前我国80岁及以上高龄老年妇女中42.3%的人处于不健康状态，其中11.7%处于生活不能自理，需要人提供照料支持和帮助的境况，显著高于同龄老年男性的相应比例（分别为36.2%和8.7%）。相对而言，高龄老年妇女的经济独立性更差，其经济安全问题更值得关注。"六普"数据显示，76.0%的高龄老年妇女主要生活来源为"家庭其他成员供养"，同时她们以"最低生活保障金"为主要生活来源的比例（6.0%）也明显高于中低年龄的老年妇女群体（分别为4.7%和2.6%）。

（四）失能老年妇女：家庭照料资源欠缺、自身社会经济水平偏低

"六普"数据显示，我国失能老年人口存在显著的女性化特点，失能老人中女性占58.4%。失能老年妇女除了具有高龄化、农村化等人口特征外，还具有寡居率高、社会经济保障水平低等特点。

相对于健康老年妇女而言，失能老年妇女更高的丧偶率（62.8%）意味着她们更难以获得配偶在照料及经济上的支持和帮助，她们的家庭照

[①] 中国人口大学人口研究所：《中国人口老龄化 国际比较研究》，载于国务院人口普查办公室，国家统计局人口和社会科技统计司编：《2000人口普查国家级重点课题研究报告第二卷 民族.老龄化.家庭与住房》，北京：中国统计出版社，2005年版。

[②] 曲嘉瑶、孙陆军.《中国老年人的居住安排与变化:2000~2006》，《人口学刊》，2011（2）。

料资源更欠缺。数据显示，无论男女，老年人自身的健康状况越差，对家庭成员的经济依赖程度越高，独立性越差。不健康但能自理的老年妇女中主要生活来源是家庭其他成员供养的占74.8%，不能自理的则达到了77.4%，远远高于健康（39.0%）和基本健康（55.3%）的老年妇女，同样也明显高于不健康的老年男性。

对于任何一个人口老龄化的国家而言，如何妥善解决失能老年人的长期照料问题都是一个关系到诸多家庭生活质量的社会问题。而失能老年人口突出的女性化特点，要求在进行相关的政策设计和实施过程中必须充分考虑到失能老年妇女的客观生存境况，采取有针对性的政策措施来缓解这一群体所面临的特殊问题。

四、小结与讨论

老年人口的女性化是世界各国人口老龄化过程中的普遍特点，而几乎各国的社会文化中都不同程度地存在着对女性生存发展的各种歧视和不平等现象，从出生、养育、上学、就业、升职、离退休，几乎在女性生命周期的各个阶段，性别不平等都或多或少地存在着。冰冻三尺非一日之寒，老年妇女的相对弱势状态是生命周期各个阶段相对弱势的累积，也是性别不公平、代际不公平、阶层不公平等多种社会不公平现象的叠加。老年妇女问题的形成是社会历史、文化及政策制度等多种因素综合作用的结果，老年妇女问题自身所具有的长期性、累积性、复杂性等特点，要求相关的政策措施应该具有赋权性和战略性特点。

随着我国社会经济发展的发展，这一群体的生存状况有了很大的改善，但是她们相对同龄男性而言，在各种养老资源和社会资本方面依然处于更为不利的境地，是亟待社会政策给予扶助和关照的弱势群体。结合长期以来对老年妇女问题研究发现的结论，提出以下政策建议：

（1）在社会保障方面，尽早废止目前男女不平等的退休年龄规定，推行男女平等的退休政策；逐步完善遗属保险制度，将遗属养老金纳入社会保障制度；完善城乡养老保障制度，取消老年人的基础养老金与子女的养老保险缴费"捆绑"实施的政策，提高妇女的养老保险参保率。

（2）在老年妇女社会福利服务方面，建议实行有区别的高龄津贴；保障性住房政策应考虑高龄贫困且有长期照料需求的老人的特殊困难，给予优先照顾；为在家庭中长期照料老人的照料者，提供心理咨询和照料技能等方面的帮助。

（3）在老年妇女社会参与方面，倡导男女平等、相互照料的新型老年文化，有针对性地鼓励男性老人积极主动地参与家庭生活照料工作；制订适合中国国情的家庭照料者支持计划；充分发挥低龄老年妇女在社区建设和管理、社区居家养老服务等方面的积极作用，为低龄老年妇女参与社区建设管理创建平台。

（作者简介：贾云竹，女，全国妇联妇女研究所信息中心副主任，副研究员，社会老年学博士。长期关注社会性别与老龄化相关问题研究。）

参考文献

[1] 国务院人口普查办公室编,《2000年第五次全国人口普查资料》,北京：中国统计出版社, 2002。

[2] 国务院全国1%人口抽样调查领导小组办公室, 国家统计局人口和就业统计司编.2005年全国1%人口抽样调查资料, 北京：中国统计出版社, 2007。

[3] 国务院第六次全国人口普查办公室, 国家统计局人口和就业统计司编, 2010年第六次全国人口普查主要数据, 北京：中国统计出版社, 2011。

[4] 国务院人口普查办公室, 国家统计局人口和就业统计司编.中国2010年人口普查资料, 北京：中国统计出版社, 2012。

[5] 国家统计局编, 中国统计年鉴2011, 北京：中国统计出版社, 2012。

[6] 贾云竹, 谭琳.中国人口老龄化的女性化趋势研究, 人口与经济.2012,（3）。

[7] 李琴, 郑晶.中国农村老年人农业劳动时间的地区差异和性别差异分析, 华中农业

大学学报,(社会科学版),2010,(6)。

[8] 曲嘉瑶,孙陆军.中国老年人的居住安排与变化:2000—2006,人口学刊.2011,(2)。

[9] 徐勤.将遗属保险引入社会保障制度的思考.妇女研究论丛.2006,(6)。

[10] 杨菊华著,人口转变与老年贫困.北京:中国人民大学出版社,2011。

[11] 曾毅等著,老年人口家庭、健康与照料需求成本研究.北京:科学出版社,2010。

[12] 翟振武,陶涛.低年龄人口数据质量的分析与评价,中国人口科学.2010,(1)。

[13] 张文娟.中国老年人的劳动参与状况及影响因素研究,人口与经济.2010,(1)。

[14] 中国人民大学人口研究所,中国人口老龄化国际比较研究,载于国务院人口普查办公室,国家统计局人口和社会科技统计司编.2000人口普查国家级重点课题研究报告第二卷 民族,老龄化,家庭与住房,北京:中国统计出版社,2005。

第十四章 留守老人与空巢老人养老问题

唐 丹

留守老人和空巢老人是中国社会经济发展过程中出现的特殊老年群体。随着社会经济的发展，人口流动规模日益扩大。根据第六次全国人口普查数据，截至2010年，全国流动人口规模达2.6亿，除去城市中的人户分离人口，流动人口仍有2.2亿，其中超过80%为农业户籍。大量的青壮年离开家乡外出打工，而他们年迈的父母依然在农村生活，形成了现代农村社会特有的"留守老人"现象。根据中国老年科研中心2010年调查的数据，目前估计全国有5500万留守老人。

在人口大规模流动的同时，人们的生活方式和居住模式也发生改变，越来越多的子女选择不与父母同住，这样的情况同时发生在城市和农村。老年夫妇单独生活，成为俗称的"空巢老人"。空巢老人的概念源于"家庭生命周期理论"，是美国学者默多克在1947年提出的，他把一个家庭生命周期划分为形成、扩展、稳定、收缩、空巢和解体六个阶段。根据家庭生命周期理论，空巢家庭是指家庭里最后一个孩子离开父母家到配偶一方死亡这期间的家庭模式（肖方娅，2007）。但在日常的概念中，我们往往把空巢和解体整合为一体，即没有子女同住，仅有父母（或其中一方）的家庭称为空巢家庭，而其中的老人就是空巢老人。

从定义上可以看出，留守老人和空巢老人有交集：如果留守老人的所有子女都离开家庭，留守老人就也是空巢老人；如果空巢老人的子女至少有一个不在其父母居住地所在的县市居住，空巢老人同时也是留守老人。

与传统模式相比，留守老人和空巢老人与子女之间的居住方式有了重大改变，这种改变将使子女对老年人的经济支持、照料支持及精神慰藉等产生影响，留守老人和空巢老人的养老方式和服务需求也相应发生一定变化，本章将对此进行介绍。

一、农村留守老人的养老

（一）留守老人的特征

人口学特征

留守老人问题已经得到来自社会各方人士的越来越多的重视，现有的研究和报告给大家呈现的都是留守老人的孤苦伶仃、风烛残年的悲凉景象。事实上，从一般的人口学特征看来，留守老人并不是绝对弱势的群体。

中国老年科研中心 2010 年城乡老年人生活状况调查中，有 9589 名数据完整的农村 60 岁以上的老人。根据子女目前的居住地，将老人分为三类：所有子女都在本县（区）以外的老年人归为"全留守"；部分子女在外地、部分子女在身边的老年人归为"半留守"；没有子女在外地的老年人归为"非留守"。共有非留守老人 5970 名（占 62.2%），半留守老人 2855 人（占 29.8%），全留守老人 764 人（占 8.0%）。

从性别上看，全体有效被访者中，男性占 53.2%，女性占 46.7%，非留守和半留守老人比例与总体相似；全留守老人中男性的比例为 61.0%，女性为 39.0%，男性的比例明显高于另外两个群体。

从年龄上看，非留守老人平均 72.8 岁，半留守为 72.4 岁，全留守为 70.2 岁。具体分年龄段看，全留守老人中 60—69 岁年轻老人所占比例为 51.8%，80 岁及以上的仅占 11.3%；而非留守和半留守年龄老人的比例分别为 38.6% 和 37.1%，高龄老人的比例分别为 18.4% 和 18.7%。全留守老人的年龄明显比另两个群体年轻。

在婚姻状况上，全留守老人在婚的比例为 73.8%，即只有 26.2% 的全留守老人丧偶或者离婚，非留守和半留守老人在婚比例为 62.4% 和 63.3%。

身体健康是所有关于农村留守老人的调查中都会关心的问题，大量调查报告显示，留守老人健康状况差、医疗卫生条件不容乐观。有调查发现 46.0% 的农村留守老人患有一种及以上比较严重的疾病，另有调查发现留守老人对自身健康状况的评价较差，67.2% 的被访者自评身体健康状况处于一般及以下。把农村留守老人和非留守老人进行直接比较，可以更清楚地说明留守对老年人身体健康带来的影响。同样来自中国老龄科研中心的 2010 年的调查数据，以老年人自报的慢性病总数和自理能力作为身体健康指标，发现全留守、半留守和非留守三类老人所患慢性病总数并无显著差异，全留守老人的自理能力甚至显著好于半留守和非留守老人。由于留守老人相对比较年轻，因此从身体健康现状来看，留守老人并不比非留守老人差。

从人口学特征上看，半留守老人与非留守老人更为相似，而全留守老人相对年轻，有配偶陪伴，同时男性比例较高。这些都说明留守老人并不是天然的弱势群体，甚至是相对强势。从另一个角度说，正是由于老年人比较年轻，健康状况较好，生活基本可以自理，并且有配偶相互扶持，子女们才放心全部离开，将老年父母留在村中。

（二）留守老人养老所面临问题

单纯从目前生活现状来看，留守老人并不是农村老人中的弱势群体。但子女是农村老人养老支持系统的绝对主力，为老年人提供经济支持、服务照料和精神慰藉，他们的离开导致农村留守老人多个养老支持系统都出现了缺失，导致留守老人需要面临非留守老人可能无需面临的问题，这给留守老人的养老带来严峻的挑战，而且随着年龄的增长，这些挑战所带来的影响将更为突显。目前，留守老人养老面临以下几大问题：

1. 照料不足，医疗服务欠缺

受制于文化程度和经济状况，在没有子女提醒和督促的情况下，留守老人患病后经常采取尽可能简单和省钱的治疗方法。调查发现，有64.1%的留守老人会在村卫生室或卫生院看病，22.7%的老人自己买药对付，甚至有9.0%的留守老人选择硬扛着。不积极或不正规的治疗有可能造成病情进一步加重，导致健康状况的恶化。

另一方面，农村的医疗条件相对落后，村卫生室和卫生院是留守老人可能采取的最高级的治疗手段，但只有29%的老人认为村级诊所对维护自己的健康有比较重要的作用，41%认为只是一般作用，而10%则认为不太重要或根本不重要。即使留守老人想获得更好的治疗，或者得了较重的病需要到高一级的医疗机构进行治疗时，住所附近的医疗机构无法满足需要，而子女不在身边则成为老年人到高一级医疗机构求治的又一障碍。

虽然绝大部分农村老人都有新型合作医疗保险，留守老人也不例外，可在一定程度上减轻经济压力。但是新农合的报销条件和程序对留守老人来说却是一大难题，虽然有保险，但不少留守老人并不能真正享受到保险的保障。

在目前状况下，留守老人基本可以自理，日常生活不成问题。但随着年龄的增长，留守老人身体机能下降，同时，患病的频率和严重程度也会随年龄增长而有所变化，对照料服务的需求会因此而逐渐增加。子女照料服务的缺位，会增加健康留守老人未来患病风险；留守老人一旦患病，缺乏良好的照料，会导致疾病的进一步加重，或延缓康复的进程。有调查显示，留守老人在患病后无法得到子女照料的比例为62.4%（另一调查数据为52.4%）。蔡蒙指出，虽然超过一半的留守老人的医药费由子女承担，但老人们身患重疾时却得不到子女照顾。子女即使能支付老人的就医费用，也承担不起照料老人的责任。

2. 劳动负担过重，孙辈养育压力大

由于成年子女的外流，留守老人往往既要承担繁重的农活、家务劳动，又要承担照看孙辈的重任。事实上，在某种程度上留守老人可能正由过去的照料接受者向照料提供者转变。这种变化对老年人的生活有很大影响。

中青年一代作为主要农业劳动生产力，其外流会导致农业劳动力数量的减少，从而在一些有大量外出人口的农村地区，主要农业生产者的角色实际上由过去的中青年转变为老人。对于年老体衰的老人来说，承担沉重的农业劳动是一个很大的压力。中国人民大学针对留守老人的调查发现，与子女外出前相比，留守老人感到农业劳动负担加重的占46.2%，认为减轻了的只有9.6%。

除了生产压力之外，家务劳动和照料孙辈的责任也由于中青年一代的外出而自然地落到了留守老人的肩上。中国人民大学调查中发现，留守老人帮助外出子女看家、料理家务或带孩子的比重分别都在4成左右。成年人外出务工，有相当部分未将子女带出，使得许多农村孩子成了留守儿童，形成了留守老人教育留守儿童的"隔代教育"现象。照看孩子往往包括对孩子的经济资助、生活照顾、教育等繁杂的内容。在帮助外出子女照看孩子的老人中，有5.7%的老人认为自己的身体不能胜任照看孩子，有27%的老人只能勉强胜任照看孩子。加之由于农村老人的文化程度相对较低，又不懂得教育方法，教育孩子的尺度难以掌握，于是形成了"留守老人"问题和"留守儿童"问题并存的双重困难局面。

3. 社会交往网络缩小，精神慰藉严重缺失

暂时来看，留守老人的身体健康不比非留守老人差，同时子女离家打工增加了其对父母的经济支持，使留守老人的经济状况得到较大改善，甚至可以一定程度上提升老年人在村庄里的自豪感，但是，子女离家给父母带来的孤独感和失落感却是依然存在的。有研究者对农村留守老人在子女外出务工前后的孤独感做了纵向比较，发现子女外出务工后老人感到孤

独比例上升很快，而不感到孤独比例下降。还有人在对陕西留守老人进行研究的过程中发现，留守老人的孤独感明显高于非留守老人，留守老人对生活的满意程度低于非留守老人。中国人民大学进行的调查发现，子女外出前老人感到经常孤独和偶尔孤独的比例共计16.6%，不孤独的比例超过80%；而子女外出后，老人感到经常孤独和偶尔孤独的比例之和超过50%，不孤独的比例下降到49.2%。中国老年科研中心调查的数据有同样发现，全留守和半留守老人的抑郁水平高于非留守老人，而全留守和半留守老人之间没有显著差异。也就是说，只要子女离家，无论是只离开一个还是全部离开，其对父母抑郁症状的影响都是同样的。

人老了有喜静的一面，但人老了也最怕孤独。农村老人过惯了苦日子，对物质生活往往无过高的奢求，因此来自子女的精神慰藉是老人身心健康必不可少的主要来源之一。由于子女不在身边，农村老人大多过着"出门一孤影，进门一盏灯"、日出而作日落而歇的艰辛寂寞生活，这很容易使他们感到孤独。特别是独居老人感到有心里话没处述说，有时间没事打发，很可能出现抑郁症状。另外，农村精神文化生活比较单调，老人大多是"蹲墙根、找树荫、聊聊天"。许多子女都忽视了对父母的精神慰藉和关怀，长时间不回家，平时打电话回来更多的话题也是围绕着留守在家的小孩，很少与父母沟通，这在一定程度上造成"留守老人"亲情上的疏离和心灵上的煎熬。

（三）留守老人养老问题的应对

1.发展农村经济，吸引外流劳动力回乡，实现就地城镇化

农村中青年人到城市务工，主要目的是获得较高的收入。诚然，农民工在城市可以获得比务农要高的收入，但他们在城市中要租房，并且还有各项消费，农民工在城市中的谋生并不容易。而且由于生活方式和交往模式的差异，农民工一直无法真正融入城市生活。因此若能加快农村经济的发展，为农民提供生财、致富之道；加快产业转移，为农村剩余劳动力提供就地或就近转移机会，吸引中青年劳动力回到农村，就能一方面振兴农

村经济，另一方面减少留守老人的出现。

2. 子女"常回家看看"，尽量减少老人的全留守状态

城乡间巨大的差异对农村劳动力流动产生了推拉作用，成年子女为了更高的经济收入和发展机会，离开农村进入城市，这点无可厚非，但子女作为农村老年人社会支持主要供给者，对赡养父母的责任亦无可躲避。子女应该在自我发展和更好地履行赡养义务之间找一个平衡点，争取做到两不误。首先，子女应尽可能为老人提供经济支持。子女离家后，为老年人所提供的经济支持是提高老年人生活质量、保证得到医疗服务、提高自尊维护心理健康的重要因素，钱不是万能的，但是对于留守老人而言，子女为了挣钱离开了家，得不到子女照顾，甚至得不到较好的经济支持，那么将给老年人生活和心理感受带来更消极的影响；其次，子女应保持与老人较高频率的联系，多项研究发现，子女与父母的联系频率对留守老人的抑郁水平、主观幸福感都有显著的预测作用，不能常回家看看，也要尽量做到"常跟家唠唠"，现在通信发达，为留守老人配备电话，或者借用邻居家的电话并不是件难事；再次，尽量避免老人出现全留守状态，多子女家庭可考虑兄弟姐妹之间轮流离乡的方式，或者采取候鸟式流动，减少老年人长期独自在村中生活情况的发生；特别是对于高龄、病弱和丧偶老人而言，全留守会为这些弱势老人带来更严重的影响。

3. 完善农村社区服务功能

诚然，子女是农村老人养老的重要支柱力量，但农村社区在留守老人养老问题中亦可有所作为。农村基层组织应该特别关注留守特别是全留守老人的生活状况，为他们提供必要的帮助；成立留守老人的互助志愿者联盟，组织留守老人相互提供帮助，低龄老人帮助高龄老人，一方面可为有需要的老人提供帮助，另一方面能够扩大留守老人的社会交往；组织娱乐活动，丰富农村老人生活；为老年人提供必要的儿童教育培训，帮助他们处理好与孙子女之间的关系。

4. 留守老人扩展交往网络，积极自我调适

子女离家已经成为事实，留守老人应接受这一现实，通过各种方式去适应这一状态。首先，扩大社会交往网络，社会交往网络对老人的生活满意度、心理健康都有积极作用，对于留守老人来说更为重要，子女作为最重要的交往对象暂时离开，留守老人应更多地与外界交流沟通，这一方面可以缓解子女离家后带来的孤独感，另一方面通过社会交往可改善和积累人际资源，使老人在有需要时可获得相应帮助；其次，积极应对子女离家这一现实，老年人可通过倾诉、转移注意力、自我安慰等多种方式，排解由子女离开所带来的孤独感和失落感。

二、城市空巢老人的养老

成人子女不同父母同住，家庭中只有老年父母，在这种家庭中生活的老人，通常被称为"空巢老人"。根据全国老龄办提供的数据，2012年我国城市"空巢家庭"比例已达49.7%，接近一半。国家卫计委2015年发布的《中国家庭发展报告（2015年）》显示，空巢老人占老年人总数的一半，其中独居老人占老年人总数的近10%，仅与配偶同住的老人占41.9%。从某种意义上说，空巢老人已经不属于特殊群体，已然成为一种常态。

在本章开篇，我们已经讨论了空巢老人与留守老人之间关系。在农村，空巢老人与留守老人有很大的交集，在很多问题上具有共性；而在城市，子女离开居住城市导致的城市空巢老人（又有研究者将此称为"绝对空巢"）相对较少，子女与父母同处一城而不同居一屋的情况比较多见（也称"相对空巢"）。接下来，将对城市空巢老人的养老问题进行讨论。

（一）城市空巢老人的特征

与农村留守老人的情况相似，城市空巢老人并不是老年人群中的绝对弱势群体。根据中国老龄科研中心的数据，城市空巢老人的年龄与非空巢

老人相近，健康状况和自理能力优于非空巢老人，收入的平均水平高于非空巢老人，此外，拥有自有住房的比例也高于非空巢老人。也就是说，城市中不与子女同住的老人，往往是健康状况相对较好，不需要子女照料；同时拥有住房，可以不与子女同住的老人。

（二）城市空巢老人养老所面临的特殊问题

子女不与老人同住，给城市空巢老人所带来的问题与农村留守老人有相似之处。但由于生活模式存在城乡差异，而且城市老人几十年来的生活经历、职业特点等，都决定了城市空巢老人对养老有着有别于农村老人的需求，因此，城市空巢老人在养老过程中所面临的问题有其特殊之处。

1. 安全问题

城市生活与农村的一大区别，是邻里间的交往方式。在农村，邻里之间基本都相识，老年人经常可以得到邻居的关照，即使不提供实质的帮助，邻居亦可以及时了解老人的情况，起到信息传递的作用。而在城市，特别是现在的商品房小区里，邻里之间的交往非常有限，甚至在一个楼道里同住了十几年，都不知道邻居姓什么，更别说有其他的交往和相互帮助。因此，城市空巢老人万一发生危险，邻居可及时得知并提供帮助的可能性较小。正因如此，才频频有空巢老人在家中死去多日才被发现的新闻报道。

另一方面，现代社会科技发展迅猛，城市中人员比较复杂，因此比农村存在更多的风险。城市中，有不少的不法分子向群众行骗，方法层出不穷，由于老年人对现代科学技术了解有限，同时未能及时得知各种骗术的存在，辨别判断力下降，更容易听信骗子的诱导，上当受骗。比如购买一些高价无用的产品、将钱打给他人账号，等等。如果与子女同住，青年人给老年提供更多的相关的信息，可减少老年人上当受骗的风险。

2. 精神慰藉不足，心理健康受损

不少研究都关心城市空巢老人的心理健康问题，当直接对空巢老人

和非空巢老人心理健康进行比较时，所得结果往往是复杂的。有的研究发现，由于空巢老人有更好的经济和健康状况，同时可以相对自由地安排自己的生活起居，空巢老人心理健康水平好于非空巢老人；另有研究发现，由于缺乏与子女的沟通，缺少精神慰藉，导致其更容易感觉到孤独、寂寞，更多疑，整体表现出心理健康状况不佳的特点。事实上，空巢对城市老年人心理健康的积极影响是客观存在的，同时也受到空巢类型的影响。有研究发现，当对经济和健康水平进行控制之后，空巢依然可预测城市老人的抑郁水平，也就是说，当老年人的健康和经济状况是一样的情况时，空巢老人的抑郁水平会高于非空巢老人，而且在无配偶老人（也就是独居）中更明显；同时，相对于相对空巢老人而言，绝对空巢老人的抑郁水平更高。

空巢老人心理健康状况不良，根本原因不在于是否与子女同住，关键在于子女对父母所提供的精神慰藉是否充足，更简单地说，是在于子女与父母联系的频率、对父母的关心是否充足。经济和健康水平可一定程度上缓解缺乏子女支持对心理健康带来的影响。

（三）城市空巢老人养老问题应对

1. 完善养老社会服务体系

各大城市提出了"9064"或"9073"的养老模式，90%的老年人通过家庭养老。但随着预期寿命的延长和子女数的减少，家庭养老的老人事实上并不可能完全依赖家庭成员完成养老，各种社会服务的使用将成为必然选择，将成为实现家庭养老的重要保障。而对于空巢老人来说，对社会服务的依赖就更强。目前，社会服务发展还不充分，需要政府和市场共同努力，发展相关各项社会服务。

2. 推动智能化养老体系建设

智能化养老是运用智能控制技术提供养老服务的过程。以互联网、物联网为依托，集合运用现代通信与信息技术、计算机网络技术、老年服务行业技术和智能控制技术，为老年人提供安全便捷、健康舒适服务的现代养老模式。

智能化养老中的一个重要功能是信息采集的智能化，可及时了解老年人的现状、提供所需服务，这一点可防范老年人，特别是空巢老人发生危险，一旦发生危险可及时发现、尽快采取措施。另一个重要功能是用高科技手段协助老年人日常生活，从而提升老年人生活自主性。因此，随着人口老龄化的加剧，智能化养老可以大量减少养老服务的人力成本。

政府应建立健全发展智能化养老的扶持政策，加强老龄信息化建设；突出智能管理服务，以老年人健康、发展为中心，实现智能养老的人性化，全面提升老年人幸福指数。

3. 培育老年人社会养老服务使用习惯

在推动智能化养老体系建设和完善社会服务体系的同时，老年人也应该培养使用社会养老服务的习惯，学习使用智能养老服务的技巧和方法。老年人辛苦了一辈子，总是想着自己能做的事情自己做，不知道有些服务是可以通过社区获得的，现在很多社区都有如老年热线、帮助日常购物、社区卫生服务机构上门诊疗等服务，但老年人不知道或者不信任，使得一些已有的社会服务资源被闲置和浪费；同时，部分老年人过分节省，钱能省则省，事实上有些家务请人上门提供一些帮助，可以减少老人患病或摔倒的风险，其实却是一种更大的节省；再有，在信息科学技术迅猛发展的今天，有不少的社会服务（如一些代购物并送货上门）可通过网络或者其他一些新型的通信终端获得，老年人却不懂使用方法。如果空巢老人能了解掌握并大胆使用社会服务，将为他们的生活带来极大的方便。要实现这一点，老年人自身应改变观念，而子女和社区服务工作者也应该做好宣传、普及和培训工作，而政府应加强对社会服务提供方的监管力度，让老年人对社会服务敢用、会用、用得起。

4. 子女加强与父母联系，空巢不空心

子女应加强与父母的联系，做到"空巢不空心"，这一句可以说是老生常谈了，但事实上，子女应保证对父母的支持，特别是城市空巢父母的情感支持，这一点无论怎样强调都不为过。子女应对父母提供经济支持、服务支持和精神慰藉，对于城市空巢老人而言，前两者基本上都可以自足，而根据马斯洛的需要层次理论，城市空巢老人的生存和安全的需要得到越好的满足，他们对爱的需要和尊重的需要就更为突显，而子女的关心是老人得到爱和尊重最重要的来源。子女与父母分开住，对两代人其实有一定的好处，双方都有相对自由的时间和空间，减少了代际间的磨擦。但是对父母来说，子女永远是心中最牵挂的人，嘴上不说，但总是希望能听到孩子的声音，见到孩子的样子。所以，空巢父母的子女，在享受自由的空间时，在承受巨大的工作压力时，切勿忘记要与父母多联系，多回家看看。

5. 老人积极扩大朋友支持

城市老年人朋友支持明显高于农村老人，而且朋友支持在城市老年人心理健康的影响作用也大于在农村老年人中的作用，说明城市老年人重视朋友关系，并且良好的朋友关系意义重大。因此，城市社区应为老年人，特别是空巢老人组织活动，在参加社区活动的过程中扩大老年人的人际交往圈子，充实生活，获得社会支持。

空巢老人自身也应该积极主动参与活动，如参加社区组织的志愿服务活动发挥余热，到老年大学学习提升素质，又或者去跳广场舞，与老朋友经常聚会，这些都有助于获得朋友支持，维护心理健康，从而保证晚年生活质量。

（作者简介：唐丹，中国人民大学老年学研究所副教授，研究领域为老年人心理健康，联系方式：13811421702，danny@126.com）

第十五章　残疾老人养老

褚湜婧

残疾不仅给残疾人自身带来诸多不便，也对其家庭和社会产生了一定的影响。随着慢性疾病的增多、老龄化程度的加深以及各种意外伤害的发生，残疾人在我国已经成为一个不可忽视的群体，残疾人问题成为不容回避的事实。

在残疾人的问题当中，残疾人的养老问题值得予以特别的关注。从残疾人需求的角度看，无论是残疾人老龄化，还是老年人残疾化，均面临着迫切的养老问题，残疾人养老问题解决得妥善与否，会直接影响残疾人的生活质量。从国家规划的发展趋势看，养老制度以及残疾人的养老问题在政府工作报告和残疾人"两个体系"建设中都占据了一席之地。可以说，残疾人的养老问题，既是"两个体系"建设的理论问题，也是落实提升残疾人生活质量的要求的具体问题。

一、如何理解残疾人养老

（一）残疾人养老的概念内涵

根据《中华人民共和国残疾人保障法》，残疾人是指在心理、生理、人体结构上，某种组织、功能丧失或者不正常，全部或者部分丧失以正常方式从事某种活动能力的人。残疾人包括视力残疾、听力残疾、言语残疾、肢体残疾、智力残疾、精神残疾、多重残疾和其他残疾的人。

综合而看，残疾人养老囊括了三层含义：

第一，残疾人既是主体也是客体。一方面，残疾人对于养老问题有选择的权利，在选择什么样的养老模式、具体的服务形式等方面是主体，有主动性；另一方面，从养老模式供需的角度看，残疾人是接受者，是客体，在能够得到什么样的养老条件、能够获得什么样的养老服务等方面，残疾人是被动的。

第二，养老是一种特殊的文化活动。残疾人的养老涉及财物、饮食、居住、护理等多个方面，这些方面无一不受到文化的影响。文化决定了老年人如何选择养老地点，决定了老年人如何选择经济来源、日常照料、精神慰藉的提供主体，也决定了这些资源由谁提供。

第三，养老是一个过程，也是一种行为。老年人养老与残疾人养老有明显差异，具体表现为残疾人养老不仅受到年龄要素的影响，也受到残障要素的影响。如果说增龄是每一个人均要经历的，而残障则只是部分人所要经历的。同时，增龄对于养老能力的影响可能是阶段性的，而残障的影响则是全过程的。

（二）残疾人养老与一般人群养老的关系

在养老问题上，残疾人与一般人群既有一定的相通性，也存在着一定的差异。

1. 残疾人与一般人群的相通性

养老是每一个社会成员都要面临的话题。无论是残疾人群还是一般人群，在养老问题上都要关注生活照料、经济支持、精神慰藉这几个方面。一般人群在老年期也面临着残疾和失能的危险，部分人群在衰老的过程中逐渐从健全人变为残疾人。因此，研究残疾人的养老问题，实质上也是在研究一般人群的养老问题。

2. 残疾人养老的特殊性

残疾人与一般人群养老的差别主要体现在两个方面。一是与普通老年人相比，老年残疾人在生理状况、心理状况、经济条件、社会地位等方面处于弱势，在养老问题方面有着更为广泛的需求、也面临更多的困难。二是除去年龄的标识和残障的弱势外，残疾人由于残疾类别、残疾程度、致残时间、家庭类型等方面的不同，残疾人群体内部在养老模式的选择和养老服务的需求上存在着许多的差异。

（三）残疾人养老服务与助残服务的关系

1. 养老服务与助残服务存在统一性

第一，助残服务与养老服务均是公共服务和社会服务的组成部分，其针对的人口群体和服务重点略有差别，但在公共服务体系中均是有机构成和重要部分，无论是服务宗旨、服务提供、服务性质，均具有相通性。

第二，助残服务与养老服务在服务场所上具有一致性。无论是养老服务还是助残服务，都公认有居家、社区和机构三类。

第三，助残服务与养老服务在服务形式、服务内容等方面具有互通性。助残服务需要提供生活照料、贫困救助、社区养护、紧急援助、机构支持等方面的服务，这也是养老服务的必要环节；养老服务需要提供心理疏导、精神文化、情感交流、社会交往等方面的服务，这也是助残服务中不可或缺的。

2. 养老服务与助残服务存在差异性

尽管助残服务与养老服务具有一定的相通性，但在理论和实践中，也表现出诸多差异性。

第一，在服务对象上，助残服务对象是残疾人群体，包括了人生的各个阶段，而养老服务对象是老年人群体，局限在衰老以后的时间段。

第二，在服务性质上，助残服务强调残障的特性，养老服务强调老化的特性。

第三，在服务内容上，助残服务以残障为中心设计服务体系，凸显满足康复的服务，养老服务以老年人为中心设计服务体系，凸显生活照料的服务。

第四，在服务宗旨上，助残服务强调残疾人的社会参与，而养老服务强调实现老年人的自理自立。

二、残疾人养老的传统思想与实践

（一）支撑残疾人养老的传统思想

我国很早就已出现对弱势群体进行收留和养护的思想，残疾人作为"鳏寡孤独、废疾者"中的一员，自然被囊括在相应的养恤范围内。尽管"养老"的思想在当时并不突出，但是养恤所涵盖的养护、收养、安养等已经体现出"养老"的含义了。有学者认为大同思想、仁德兼爱、民本仁政，甚至因果慈悲，是我国残疾人养恤思想的基础和渊源。[1][2]在此基础上，我国历代思想家将其演绎成了层层深化的残疾人养恤思想，具体体现为养疾（抚养或赡养残疾人）、宽疾（根据残疾人的特点给予一定的关爱）和互助（主动帮助和照料残疾人）的思想。

对残疾人进行养护和安养的思想是历代思想家的共同主张。如果说，不同的学术派别在政治上和学术观点上有所区别甚至相去甚远的话，在残疾人的养老方面，养疾、宽疾和互助这三个思想却是任何一家一派都认可的。

（二）古代残疾人的养老形式

各派别的思想家和理论家在为我们提供了丰富的思想财富的同时也

---

[1] 于凯.《传统中国社会保障制度的历史渊源》，《中南民族大学学报（人文社会科学版）》，2004年第4期。
[2] 桂琰.《中国古代残疾人保障思想探析》，《残疾人研究》，2012年第1期。

使之转化成为规范性的制度和实践成果，在这三种典型思想的影响下，我国古代残疾人的养老具体表现为国家收养、宗族救助和家庭供养三种形式。

残疾人的国家收养制度兴起于春秋战国时期，管仲值相时开始实行"养疾"的政策，设立专门的"掌养疾"官员，由官府收养生活不能自理的残疾人，这也被看作是我国对残疾人进行"国家收养"的开端。对残疾人进行集中抚养的国家收养是政府保障残疾人生活的重要方式，但保障的内容不仅局限于收养，同时也包括为残疾人提供医药或安排适宜的工作。

国家收养的残疾人主要是年老极贫却无依无靠的残疾人，各地方上的收养机构都有比较严格的收养标准，不准"查有亲戚可靠并非实在无依者"进入官办的残疾人收养机构。但事实上，部分残疾人虽有亲属但生活仍然艰难的情况依然存在，因此，宗族作为以血缘为纽带并聚族而居的社会集团，在对残疾人的养恤方面起到了极大的作用，是对国家救助难以涉及的地方的有效补足形式。宗族救助于我国先秦时期就已经产生，在农村地区十分常见，宗族内成员以及同一村落的邻里乡亲对鳏寡、贫困、年老、伤残、疾病等生活困难的人进行物质上的周济，或在灾害时互帮互助共渡难关。①

在我国的传统文化中，家庭养老是常见的养老模式，残疾人也理所当然地是家庭赡养的主要对象，但是明确提出家庭如何赡养残疾人的古代文献却极其有限。这一方面是由于"疲癃残疾形容改"是一个自然而然的衰老过程，父母是否残疾，对于儿女来说都是同样的侍奉；另一方面也是因为，古代生产力水平低下，人民的认识水平有限，除了孝敬和奉养之外，在家庭范围内还难以为残疾人提供康复、医疗等条件。尽管如此，我们还是可以发现有很多子女照料长期患病卧床的父母的例子。例如，《南史》中关于子女侍奉"寝疾"、"笃疾弥年"的父母的记载比较丰富；《新唐书》上则记载刘审礼每当祖母生病时他"亲煮药，尝而进"；同样出自《新唐书》，刘浹生的母亲大概是患有精神疾患，"病狂易"，"非笞掠人不能

---

① 王卫平.《明清时期残疾人社会保障研究》，《江海学刊》，2004年第3期。

安，左右皆妄去"，只有他"日侍疾"，"怡然不为痛隐"。这些都说明，我国古代子女对于父母有疾病（残疾）时的侍奉，大多体现为日常照料和勤谨侍奉。

尽管我国有关残疾人养老的传统思想以及转化而来的实践成果与历史同期的其他国家相比具有很强的先进性，但不否认的是，这其中也存在着一定的历史局限性，残疾人在养老方面的弱势地位和尴尬处境仍然难以避免。

三、残疾人养老的基本状况

（一）残疾人养老的年龄起点

世界卫生组织将西方一些发达国家老年人的标准设定为 65 周岁及以上，在中国，这一年龄通常被设定为 60 周岁。然而，这一标准对于很多健康的老人来说可能是太早了，但是对智力残疾人、精神残疾人以及部分重度残疾人来说，却可能是太晚了。这一方面是由于残疾人的养老开始时间差异较大，难以用一般老年人的日历年龄标准予以衡量；另一方面是因为与一般的群体相比，残疾人的预期寿命更短，以肢体残疾人为例，男性和女性肢体残疾人在 0 岁时的预期寿命与中国普通人群的差距分别为 17.1 岁和 12.7 岁，而重度肢体残疾人的预期寿命只有 42 岁。[1]

在养老问题上，残疾人不仅需要年龄上的一个简单评定，还需要据此获得那些能够满足自己养老需求的社会保障、社会服务。目前，我国的养老优待政策大多以 60 岁及以上的老年人为目标群体，有些优待政策甚至要到 80 岁以上才能够享受，很多残疾人因预期寿命较短而没有办法享受养老优待，甚至有些残疾人还没有达到退休年龄就已经去世。或许是考虑到这些原因，美国的唐氏综合症患者被界定为老年的年龄为 40 岁，其他

---

[1] 郑晓瑛、陈三军.《中国肢体残疾人口预期寿命研究》，《中华流行病学杂志》，2011 年第 7 期。

残疾人被界定为老年的标准是 50 岁。[①]残疾人的养老年龄难以与一般群体等同，提高退休年龄可以提升一般群体的社会福利，但是却很可能造成对残疾人的利益侵害。因此，在我国，也需要根据残疾人的具体身体状况提出适合残疾人的老化评定标准。

（二）残疾人的养老需求

残疾人的养老需求包括残疾人对于养老模式的选择以及在该模式下具体的服务内容。

1. 居家养老为主下的多元化趋势

居家养老是残疾人首选的养老模式。在这一主流形式下，残疾人也因各自的情况表现出养老模式上的多元化特征。由于残疾类别和残疾等级的差异，残疾人内部对各养老模式需求的强烈程度不同。智力残疾人、精神残疾人、一些重度残疾人，以及一些不具备居家养老能力的残疾人会选择机构托养的模式。从残疾人养老场所的动态变化可以看出，家庭是残疾人养老的主要场所，但绝不是唯一的场所，残疾人对于社区照料和机构托养等服务模式的需求也占有一定的比例，多种服务（养老）模式的并存将是残疾人养老的发展趋势。

2. 不同养老服务内容需求重点不同

在居家养老的服务内容上，残疾人重点选择家政服务、医疗康复、个人照料等陪伴性、协助性和代偿性的服务，其目的是在他人或其他器具的帮助下，补充自己因身体残疾而丧失的生活能力。分残疾类型来看，肢体残疾人对家政服务的需求量较大；听力残疾人将辅助器具需求排在第一位，对于信息无障碍的需求也比较强烈；智力残疾人和精神残疾人对经济补贴的需求程度较高；多重残疾人在养老模式中最急需的服务是医疗康复服务。分残疾程度来看，

---

① Bigby，C. *Ageing with a life long disability. A guide to Praetice*，*Program and Policy issues for human services Professionals.* London: Jessica Kingsley Publishers，2004.

残疾等级为一级的残疾人将经济补贴作为首位需求,对于医疗康复、个人照料和家政服务的需求程度也比较强烈;残疾等级为二、三级的残疾人对医疗康复的需求较为强烈,其中需求量最大的为辅助器具的配备。

在机构托养的服务内容上,残疾人需求的同质性更高,其重点主要是照料性和安全性,希望机构价位合理,有较好的环境和设施条件,具备一定的专业化服务水平,更加强调他人的照料和管护。

对社区照料服务有所需求的残疾人,其需求内容更为多样,按需求程度排序,居于前三位的是康复训练、临时照看和文化娱乐,以娱乐性、照料性和康复性的服务为主。

3. 生存性需求占主体

从残疾人服务内容的需求状况可以看出,尽管残疾人的服务需求比较广泛,但是却以对生存性服务的需求为主,无论是最为普遍的照料服务,还是残疾人最为关注的医疗问题,都反映出对于延续生命长度、保障生存需要的追求。

(三)残疾人的养老目标

残疾人在养老的预期目标上呈现出不同的标准。根据需求层次理论,残疾人主要的养老预期目标可以分为生存保障型、质量需求型、精神满足型和自我实现型等四种类型。这四种不同的养老目标在养老模式的选择机制上对应着三种不同的理性,即生存理性、经济理性和制度理性,分别表现出生存原则、优化原则、满意原则和升华原则。

残疾人养老的四类目标并非完全分离,而是在一定程度上相互整合的。残疾人的养老目标普遍较低,不同的残疾人在养老目标的追求上体现出差异性,多数残疾人只希望实现生存保障性的养老目标,且这类目标在所有残疾人中都有所体现。

四、残疾人养老模式的选择

作为一种行为，残疾人养老模式的选择受到主观需求和客观条件的双重影响。对于养老模式的选择意味着老年人通过比较，基于需求状况，在条件允许的情况下的择优过程，是主观与客观综合作用、多重考虑下相对最优化的结果。

（一）残疾人养老模式选择的基本状况

1. 养老场所选择上的家庭亲近

中国人的家庭观念乃至血亲价值的文化背景具有极强的渗透力，使残疾人养老场所的选择体现出了极强的家庭亲近性。这一方面表现为在养老场所上，残疾人对家庭的认可程度更大一些，家庭是最主要的养老场所，即便是选择机构，多数残疾人也只是将机构作为家庭的衔接和替代，在身体行动不便且无人照料之后才选择；另一方面表现为在托养机构的地点上，残疾人更倾向于入住距离原来生活的社区和家庭较近的养老机构。

2. 照料资源选择上的差序格局

在照料资源的选择上，残疾人体现出了比较明显的差序格局。按照亲近程度格局进行排序，照料资源可以分为家庭、社区、其他社会成员这几类，每一类下面还可以有具体的细分。残疾人对于照料资源的选取中大致遵照"家庭成员—社区服务—保姆和小时工—其他社会成员"的顺序，从最亲近的家庭成员向较为疏远和抽象的社会成员逐层扩展，也因此而形成"依靠性—支持性—补充性"的照料格局。

但需要指出的是，在这个差序格局中，子女是其中的一个例外。尽管子女位于家庭成员这个层次，并且与残疾人有着极为亲密的血缘关系，但是不论在照料上还是下面将要讨论的经济来源上，残疾人对子女的依赖程度都比较低。社会成员中的保姆和小时工由于能为残疾人提供较长时间的照料，在一些研究中甚至被视为家庭成员。

3. 经济支持选择上的外拓形式

与照料资源选择上的差序格局不同，残疾人在经济支持上更希望由距离更远、抽象度更高的国家或政府来提供，而较少向子女、亲属寻求帮助，是一种向家庭之外扩展的外拓形式。这一方面表现在残疾人希望国家能提供足够的养老资金；另一方面表现为，在养老选择不确定的情况下希望由国家为自己进行安排，在康复、医疗等方面，对政府的依赖性极强。

4. 精神支持选择上的隐性内化

在养老模式的选择中，一些残疾人明确提出了经济支持和照料支持的来源，也表示有精神需求，但很少有人提及对于精神支持来源的选择。这说明对于残疾人来说，精神支持是一种隐性的需求，残疾人对它的认识不足，同时也说明残疾人在精神问题上对外界要求较少，更倾向于通过自己培养兴趣爱好、寻找聊天伙伴等形式自我解决。

（二）残疾人养老模式选择的影响因素

影响残疾人养老意愿和模式选择的因素是多方面的。尽管对各作用因素进行解构，但部分因素之间还存在着一定程度上的交叉和重叠，不同影响因素的共同作用使得残疾人养老模式的选择表现出极强的复杂性。

残疾人养老模式的选择是一个综合考量的理性选择过程，诸多因素都会对残疾人养老模式的选择产生影响。其中，比较重要的因素有残疾状况、经济状况、照料资源获取状况、机构养老服务状况等。总体来说，从表面因素看，女性、高龄、残疾程度较低、有家庭住房的残疾人更易选择居家养老模式。从深层原因看，能否获得适合的照料资源是残疾人养老模式选择的决定性因素；年龄、残障等级、残障程度等决定了是否要他人照料；

经济状况、家庭住房等都与能否获得理想的照料资源有关。自理状况比较好判断，如在身体可以自理时居家养老，在难以自理时入住养老机构；在自理状况较差的时候雇佣一个保姆或者雇小时工；经济条件是否允许也很容易衡量，若条件不允许，就退而求其次，如雇不起保姆就雇小时工；而理想的照料资源有时却难以判断是否能获得，如需要同子女商量就会产生比较强烈的养老安排上的不确定性。

在作用因素的顺序上，残疾人考虑的排序通常是：自理状况（是不是需要他人的照料）、照料资源获取状况（能不能获得较好的照料）、经济条件（能不能负担得起）。对于有居家意愿的残疾人来说，当需要照料时首先会对能够获得的照料资源进行评估，家庭照料资源充足的残疾人会主动首选居家养老模式；在缺乏家庭照料资源的情况下，如果残疾人有足够资金用于购买服务来弥补家庭照料资源的不足，也会选择居家养老模式。

在各因素的作用形式上，在个人和残障因素中，最重要的是身体状况和残障类型及程度，这形成了养老模式选择过程中的推力，即对家庭之外养老服务需求；在家庭因素中，最重要的是经济状况、家庭照料资源，形成了养老模式选择过程中的第一拉力，即选择居家养老的可能性；在模式因素中，最重要的是各养老模式的服务性质和服务质量，形成了对养老模式选择的第二拉力，即强化或弱化居家养老的选择。住房状况、个体性格和习惯等因素相当于弹性力，不起决定性的作用，但是会对养老模式的选择起到偏向性的作用。社区的服务在一定程度上起到了支点的作用，社区服务越丰富和及时，残疾人越倾向于选择居家养老模式。

显然，残疾人对于养老模式的选择犹如一条河流，多种因素所提供的推力和拉力犹如两条河道。河流进入哪条河道，既取决于河流的方向，更取决于河道的引导，还取决于一些偶然的外在因素。

在养老模式选择的作用因素上，照料资源和经济状况是比较重要的影响因素，除此之外，残障程度、家庭住房、个体性格、模式效应等也会在一定程度上影响残疾人养老模式以及具体表现形式的选择。残疾人在进行养老模式的选择时,各因素先后顺序和所起到的作用程度有所不同。其中,身体状况和残障类型及程度是影响残疾人养老模式选择的推力,经济状况、家庭照料资源,形成了养老服务模式选择过程中的第一拉力,各养老模式的服务性质和服务质量,形成了对养老模式选择的第二拉力,住房状况、个体性格和习惯等因素会对养老模式的选择起到偏向性的作用,社区的服务在其中起到了支点的作用。多重因素的共同作用导致残疾人选择了居家养老模式,但是并非意味着这些残疾人对居家"情有独钟",有些残疾人只是在外界条件的限制下而不得不做出居家养老的选择。

五、残疾人养老的主要困境

综合来看,残疾人在照料、医疗康复、经济保障、精神文化以及其他方面都存在着较多的问题与困境,表现出养老问题上的复杂性与严峻性。

(一)残疾人养老的风险较大

1. 养老服务与保障的供需存在差异

相比于没有残疾的人群,残疾老年人对长期护理的需求更高。[①]随着年龄的升高,老年人的残疾风险增加,社会支持的压力增大。[②]但是在日常照料方面,残疾人面临的主要问题有照料者缺失、照料者无力、照料双方的冲突、照料者的负担过重等;在医疗康复方面面临的问题有医疗服务较重、医药保险有限制、康复愿望难以实现、辅助器具更新不及时等;在经济保障方面的问题包括经济条件较差、经济来源困难、受救助标准有很

[①] 郑晓瑛、孙喜斌、刘民.《中国残疾预防对策研究》,北京:华夏出版社2008年版。
[②] Kay-Tee Khaw. Epidemiological Aspects of Aging, Philosophical Transaction: Biological Sciences, Vol. 352, NO.1363, *Aging: Science, Medicine, and Society*. Dec. 29, 1997, p1829–2835.

多限制等等；在精神文化方面的问题包括残疾人对于精神文化需求的认知模糊而造成的莫名心理不适、获取渠道狭窄而使得一些明确的需求不能得到满足等。

在社区服务方面，社区作为养老供给主体的责任缺失、服务场所和服务项目的缺乏以及便利设施的不完善等，都为残疾人的养老带来了较多困难；在机构养老方面，残疾人对于机构的需求和机构所提供的有限的服务资源构成了一对矛盾，社区提供的日托服务资源也并不充裕。此外，残疾人还面临着婚姻、住房、出行等诸多方面的困境。

上述问题与困境都是养老服务与保障供需不平衡的体现，总结起来具有几个特点，即有需求无提供、有提供不满足、能满足用不起。

2. 残疾人养老问题具有连锁效应

残疾人养老模式中的问题并非孤立，它们会对残疾人造成连锁式的影响。其中，经济因素是关键因素和中介因素，经济问题是残疾人养老模式中最普遍的问题。残疾人养老模式中的问题很大程度上都与经济问题相关。因此，帮扶标准如何设定，在制定政策时有关经济补贴谁来提供、提供多少、为哪些人提供，需要统筹考虑。但是仅从经济因素入手，单纯的经济补贴并不能从根本上解决残疾人养老过程中的问题。

整体来看，残疾人的养老模式是一个系统工程，仅从一个方面提供服务难以满足需求。因此，残疾人养老问题的思考不能有所局限，应从更大的背景和更广阔的范围加以考虑、应对，从系统工程的角度为残疾人提供所需的养老服务和保障。

（二）特殊残疾人养老的多重困境

残疾人是弱势群体，而一些特殊的残疾人更被看作是弱势中的弱势。残疾与贫困之间的交互作用使得特殊类型的残疾人在养老方面具有多重困境。

一户多残家庭和老残一体家庭通常有较大的照料压力，在医疗康复方面面临双重困境,部分家庭交流困难,存在着精神文化需求难以满足的问题。重度残疾人对照料者依赖较强,面临较大的经济压力,对经济补贴的需求最为强烈。独居残疾人在照料方面监护质量较低,存在着无人照料的风险,在就医方面无人陪伴、缺少照料,容易出现焦虑寂寞的心态。

精神残疾和智力残疾在养老方面的困境更多。相比于其他类型的残疾人,智力残疾人养老时间开始较早、养老资源供求矛盾严重且对家人要求较高,因而面临较大的养老压力。这些残疾人中无配偶、无子女的比例最高,即便在有子女的家庭中,也会因残疾的绵延而难以对他们提供有效的养老支持,同时他们易怒和易对他人造成伤害的特点也使他人不愿与这些残疾人在一起,单纯的家庭养老或居家养老难以保证他们自身以及其他家庭成员的安全。与此同时,目前对智力残疾人的养老问题认识还不足,没有认识到智力残疾人在残疾人群体中是一个在养老方面更加弱势的群体这一事实。[1]

此外,在家庭养老传统极为浓厚的农村,老年人目前的养老状况也不容乐观。农村的失能老人目前同样面临着失去家庭传统支持的局面,而农村养老政策不够完善、服务体系有所欠缺,更是造成了农村老年残疾人在经济、生活照料和精神慰藉上都面临多重困境的局面。[2]

六、结 语

残疾人的养老问题,是一个全新的、十分重要和必要的科研课题。残疾老年人在养老问题上,与一般老年人群体既有相似性又存在一定的差异性。只有清晰地认识残疾老年人养老的特点,才能够尽可能做到"未雨绸缪",有针对性地提供适合残疾人的养老服务和养老模式,切实解决残疾

---

[1] 王子仁.《上海市智障人士养老方式的研究》,《华东师范大学硕士论文》,2009年。
[2] 李文清.《农村老年残疾人的养老困境及对策——以山西为例》,《山西高等学校社会科学学报》,2011年第10期。

人的养老问题。

（作者简介：褚湜婧，女，国家卫计委医疗管理服务指导中心助理研究员，研究领域：老年社会组织，残疾人养老问题；联系电话：18810642603，电子邮件：chuchu307@163.com.）

参考文献

[1] 于凯.传统中国社会保障制度的历史渊源，《中南民族大学学报（人文社会科学版）》，2004年第4期。

[2] 桂琰.中国古代残疾人保障思想探析，《残疾人研究》，2012年第1期。

[3] 王卫平.明清时期残疾人社会保障研究，《江海学刊》，2004年第3期。

[4] 郑晓瑛、陈三军.中国肢体残疾人口预期寿命研究，《中华流行病学杂志》，2011年第7期。

[5] Bigby, C. Ageing with a life long disability. A guide to Practice, Program and Policy issues for human services Professionals. London: Jessica Kingsley Publishers, 2004.

[6] 郑晓瑛、孙喜斌、刘民.《中国残疾预防对策研究》，北京：华夏出版社，2008。

[7] Kay-Tee Khaw. Epidemiological Aspects of Aging, Philosophical Transaction: Biological Sciences, Vol. 352, NO. 1363, Aging: Science, Medicine, and Society. Dec. 29, 1997, 1829-2835.

[8] 王子仁.上海市智障人士养老方式的研究，《华东师范大学硕士论文》，2009。

[9] 李文清.农村老年残疾人的养老困境及对策——以山西为例，《山西高等学校社会科学学报》，2011年第10期。

[10] 姚远、褚湜婧.我国残疾人养老问题及政策构建研究，《老龄科学研究》，2013年第5期。

鸣 谢

中国老龄事业发展基金会
山东舜世养老产业集团有限公司
太极星河（北京）文化传媒有限公司

对本书的策划、出版给予的支持！